U0723282

"十三五"国家重点出版物出版规划项目

★ 转型时代的中国财经战略论丛 ◢

土地托管保障粮食安全的机制与效果研究

孙小燕　王　莹　著

中国财经出版传媒集团

经济科学出版社
Economic Science Press

图书在版编目（CIP）数据

土地托管保障粮食安全的机制与效果研究/孙小燕，
王莹著. —北京：经济科学出版社，2020. 2
（转型时代的中国财经战略论丛）
ISBN 978 – 7 – 5218 – 1292 – 3

Ⅰ.①土…　Ⅱ.①孙…②王…　Ⅲ.①粮食安全 –
研究 – 中国　Ⅳ.①F326. 11

中国版本图书馆 CIP 数据核字（2020）第 023329 号

责任编辑：于海汛　冯　蓉
责任校对：郑淑艳
责任印制：李　鹏　范　艳

土地托管保障粮食安全的机制与效果研究
孙小燕　王　莹　著
经济科学出版社出版、发行　新华书店经销
社址：北京市海淀区阜成路甲 28 号　邮编：100142
总编部电话：010 – 88191217　发行部电话：010 – 88191522
网址：www. esp. com. cn
电子邮件：esp@ esp. com. cn
天猫网店：经济科学出版社旗舰店
网址：http://jjkxcbs. tmall. com
北京季蜂印刷有限公司印装
710×1000　16 开　12.5 印张　200000 字
2020 年 6 月第 1 版　2020 年 6 月第 1 次印刷
ISBN 978 – 7 – 5218 – 1292 – 3　定价：48.00 元
（图书出现印装问题，本社负责调换。电话：010 – 88191510）
（版权所有　侵权必究　打击盗版　举报热线：010 – 88191661
QQ：2242791300　营销中心电话：010 – 88191537
电子邮箱：dbts@ esp. com. cn）

本书为国家社科基金项目"保障粮食安全视角的土地托管运行机制与发展模式研究(项目批准号：12CJY065 ，鉴定等级：优秀)"的研究成果。

目　录

第1章 导　　言

1.1　研究背景与意义

1.1.1　研究背景

"国以民为本，民以食为天"，保障粮食安全是关系社会稳定、国家自立、人民幸福安康的重大战略问题。党的十九大报告中也明确提到要把中国人的饭碗牢牢端在自己手中，确保粮食安全。2003～2016年我国粮食总产量实现了十三连增，基本守住了"谷物基本自给"的底线，但粮食安全的风险依然没有从根本上解决。首先，粮食生产遭受粮食价格"天花板"和粮食成本"地板"的双层夹击，种植比较收益低，农户种粮积极性不高，非粮化倾向严重。其次，随着工业化、城镇化的不断推进，越来越多的农户选择进城务工，种粮农户呈现兼业化和老龄化趋势，粗放种粮、少种粮、抛荒不种粮现象不断加剧，耕地、水等自然资源的不可再生性，决定了这种靠拼资源消耗、拼要素投入的粗放式发展方式难以持续。此外，近年来粮食污染、品质不佳等问题层出不穷，都成为制约粮食稳定持续增长、威胁粮食安全的隐患。

如何消除粮食安全隐患，满足人们不仅要"吃得饱"，还要"吃得健康"的目标，成为新时代亟待解决的问题。近年来，在山东、河南等省兴起的农业生产性服务——土地托管，通过为农户提供产前、产中、产后全部或部分服务，较好地解决了"无人种粮""粗放种粮"问题，极大地提高了农户参与种粮的积极性，对于保障粮食安全具有重要意义。土地托管自 2008 年出现，后迅速发展，截至 2016 年底，已经拓展到全国 28 个省份，托管服务面积达到 1 亿亩。同时，土地托管服务也越来越受到国家相关部门的重视，2014~2016 年连续三年中央"一号文件"提及土地托管，2017 年更是单独发文明确其具有引领普通农户参与现代化进程、促进服务规模经营发展、促进农业节本增效和推进农业绿色生产发展的重要意义，大力倡导其发展。这一新兴的农业生产服务形式日益成为保障粮食安全的重要路径。为此，本书将深入探究土地托管保障粮食安全的作用机理，测度其保障粮食安全的作用效果，从而明确和丰富其发展意义，进一步加快推广土地托管，提升粮食安全水平。

1.1.2 研究意义

1. 理论意义

有助于丰富土地托管和粮食安全的相关理论研究。现有文献关于土地托管的系统研究较少，且没有文献专门探究土地托管对粮食安全的影响。本书从数量安全、质量安全、营养安全、生态安全四个维度探究土地托管保障粮食安全的作用机理，有助于从理论上厘清土地托管保障粮食安全的思路，丰富相关理论研究。

2. 实践意义

有助于推动土地托管发展，丰富保障粮食安全的路径。本书探究土地托管保障粮食安全的作用机理，测度其作用效果，可以明确和丰富土地托管的发展意义，更好地推动土地托管发展。同时，可以为其他生产性服务组织提供一定参考，丰富保障粮食安全的路径。

1.2 国内外研究综述

1.2.1 粮食安全相关研究

粮食安全是关系国计民生的根本问题，也是国内外学者一直关注的热点问题。学者们研究的重点主要包括粮食安全内涵和保障粮食安全路径两大方面。

1. 粮食安全内涵

粮食安全内涵大体上经历了数量安全—数量安全、购买安全—数量安全、购买安全、营养安全、质量安全、时空分布安全三个阶段。最初，粮食安全仅强调粮食总量的供给安全（朱泽，1998）。随着研究的不断深入，部分学者不仅强调粮食的数量安全，认为粮食安全还应包含个体和家庭购买粮食的能力即购买安全（娄源功，2003）。后来，生活水平不断提高，学者们对粮食安全内涵的界定产生了分歧。部分学者认为粮食安全应从保障国家粮食总量、家庭粮食供应及购买能力，逐步转向营养安全（刘晓梅，2004），部分学者将粮食安全应归纳为数量安全、购买安全、营养安全和质量安全（胡岳岷、刘元胜，2013），钟甫宁等（2011）则进一步指出粮食安全还应包括粮食供应时空分布安全。

国内外学者针对粮食安全内涵的丰富研究，给了本书较大启发，鉴于土地托管对粮食安全的影响主要体现在粮食数量安全和质量安全两个方面，本书将主要从这两个方面探究土地托管保障粮食安全的机理与效果。

2. 保障粮食安全的路径研究

国内外学者关于保障粮食安全路径做了大量研究。针对粮食生产安全，部分学者认为应该充分利用国际资本、资源、技术（肖国安，2017）。通过粮食进口和技术引进，有利于刺激国内技术进步、优化粮食种植结构，提高农业生产效率，增加农民收入（李英、赵文报，2013），也可以缓解国内资源短缺问题（Würtenberger，2006），起到保障粮食安全的作用。但是，大部分学者对此持有反对意见，认为粮食依赖进口易受制于人，风险较大，不能从根本上解决问题，仍然强调提高国内粮食供给能力，认为提高产出能力是保障粮食安全的治本之策（聂英，2015），具体路径可以概括为保护耕地资源、提高农户种粮积极性、提升农业技术水平三个方面。

（1）保护耕地资源

粮食安全的核心是耕地安全（聂英，2015）。耕地资源是粮食生产最基本的物质条件，其质量变化会影响耕地的综合产出能力和产出效率，数量变化也会影响到粮食的生产和供应（李宗尧、杨桂山，2006）。部分学者研究了耕地数量和粮食安全的影响，指出耕地资源数量是制约粮食安全的主要因素（韩书成等，2016）。高强度耕地利用模式带来了粮食产量的提高，但同时也导致了耕地质量的恶化（马述忠、叶宏亮，2015）。对此，部分学者进一步研究了耕地质量对于粮食安全的影响，指出提升耕地质量和保持耕地数量对于保障粮食安全同样重要（石淑芹等，2007）。

（2）提高农户种粮积极性

农户种粮积极性是影响粮食安全的重要因素（宋小青，2012）。保障粮食安全的重点在于提高农民种粮积极性（孙晓燕、苏昕，2012）。针对如何提高农民种粮积极性，保障粮食安全，国内外学者做了大量研究，主要可以分为粮食补贴等农业政策激励和规模化经营两大方面。一是农业政策激励。部分学者认为，粮食补贴政策有助于调动农民的种粮积极性，激励农户加大粮食生产投入（杨万江、孙奕航，2013；袁宁，2013）。二是规模化经营。部分学者认为土地流转实现了土地的规模化、集约化利用（曾福生，2015），有助于降低生产成本、增加种粮收益、提高农户种粮积极性，增加粮食产量（张云华，2010）。

（3）提升农业技术水平

科技支撑是保障粮食安全的关键因素（杨义武等，2017）。奥多·W. 舒尔茨（1999）也曾提出改造传统农业必须依靠技术进步和人力资本。

国内外学者的研究主要包括农业技术创新、农业技术进步和农业技术推广三个方面。一是农业技术创新可以带来先进的农业生产资料和生产设备，实现生产过程的现代化运作，有助于提高农业生产效率，优化农产品质量，促进农民增收（邬德林、刘凤朝，2017）。二是农业技术进步是影响粮食产量的重要因素，有助于提高粮食单产，增加农民收入（姜德波等，2017；张宽，2017）。三是农业技术推广对于提升农业生产能力、保障粮食安全具有重要作用（廖西元，2008）。

国内外学者围绕"有地可种""有人来种""如何种"三个问题，对保障粮食安全的路径进行了较为深入的研究。本书研究的土地托管，是规模化经营的另一种形式（宫同瑶、刘智浩，2017）——服务规模化（王蔚等，2017；孔祥智、钟真等，2017），通过为农户提供农业生产性服务，不仅解决了"有人种地""如何种地"的问题，还通过规模化服务增加了播种面积，从以上三个路径保障了粮食安全。

1.2.2　土地托管相关研究

1. 土地托管内涵

学术界围绕土地托管内涵的研究主要产生了两种观点。一种观点认为土地托管是土地流转的一种形式，是为了解决土地规模经营问题衍生出来的新成果，属于土地流转（张忠明、钟鑫，2013）。但大部分学者比较一致的看法是土地托管不同于土地流转，是土地流转之外实现农业规模经营的新路径，是一种规模化的社会化服务形式（孔祥智等，2017；陈义媛，2017）。孙晓燕等（2012）将其定义为无能力或不愿耕种者将其耕地中的部分或全部事务委托给土地托管专业合作社或土地托管公司代为管理的一种社会化服务，仍然保持着土地的经营权和收益权，这一观点得到了多数学者的认同（吕亚荣、李登旺，2013；李丹等，2018）。

2. 土地托管发展总结

土地托管起源于生产实践，学者们对于土地托管的研究大多是通过实地调研法用案例的形式分析土地托管出现的背景、运行模式、运行中出现的问题及对策等。非农就业机会增多、非农就业收入高，农村劳动力转移，撂荒、粗放种粮等现象增多，是土地托管出现的大背景，其运作模式主要是半托管、全托管模式（孙晓燕等，2012；孙凤莲，2014）。针对土地托管运行中存在的问题，各学者根据研究对象的不同给出了不同结论。吕亚荣等（2013）以嘉祥县鸿运富民土地托管合作社为例指出，合作社面临着较大的经营风险，还存在着资金、技术和人才缺乏等问题。崔奇峰等（2012）对此也得出了相同的结论。陈义媛（2017）以山东省供销社推动的土地托管为例，认为当前供销社领办的土地托管存在的主要组织困境是分散农户的组织化问题。

3. 土地托管作用

学者们关于土地托管作用的研究主要是从经济角度基于农户和合作社两个层面展开。一方面，实现了农户分散经营和合作社统一经营的结合，帮助合作社规避了规模化投入能力不足和难以支付大规模土地流转费用的难题；建立了较好的风险分担机制，促进了合作社经营风险的分化；解决了合作社获得长期稳定土地经营权的制约；缓解了合作社面临的信贷约束，增加了合作社的经营收入（赵佳、姜长云，2013；穆娜娜等，2018）。另一方面，土地托管迎合了农户对于土地的复杂心态，消除了农户对失去土地承包权的担忧，分散了农户经营风险；增加了兼业农户务工收入；为农户实现了降本增效，既增加了粮食产量、提高了粮食售价，又降低了农资采购成本、农机使用成本（孙晓燕等，2012；赵佳等，2013；吕亚荣等，2013；王蔚等，2017）。

1.2.3 土地托管等农业生产性服务保障粮食安全的相关研究

土地托管等农业生产性服务业在农业生产中发挥着越来越重要的作用（Kenneth A. Rei-ner，1998）。农业生产性服务实现了农业的专业化分工（Stanback et al.，1994），促进了农业技术进步（Alston，2011），对于保障粮食安全具有重要意义。国内外学者关于土地托管等农业生产性服务保障粮食安全的研究主要包括农业生产效率、种植面积决策和农户绿色生产行为三大方面。

1. 土地托管等农业生产性服务对粮食生产效率的影响

最早，格鲁伯和沃克（Grubel Herberb G. and Walker Michael A.，1993）运用生产迂回理论诠释了生产性服务业对生产效率的影响，亚当斯（Adams，2011）通过对南非农业的研究表明农业生产性服务有助于提高生产效率，学术界对此异议较小。

（1）农业生产性服务提高粮食生产效率的作用机理

我国人均耕地面积不足 7.5 亩，细碎化较为严重，造成了生产要素的不合理配置，不利于粮食生产效率的提高（卢华等，2015；王嫚嫚

等，2017），解决耕地细碎化问题是提高耕地利用效率的关键（许玉光
等，2017）。生产性服务在一定程度上解决了细碎化问题，促进了农地
规模经营（刘强、杨万江，2016）。规模化经营和专业化服务有助于降
低生产成本，提高粮食生产效率。许玉光等（2017）通过 DEA + Tobit
模型实证分析出大规模农户比小规模农户耕地利用率高。但耕地规模与
效率并不总是呈现正向关系（Pranp K. Pardhan，2003），盖璐娇等
（2016）进一步分析了不同农地规模与单位农地产出呈倒"U"形，
20~30 亩单位农地产出最高。刘强等（2017）则通过实证分析了农地
经营规模和粮食生产效率的关系，认为农地经营规模对成本效率有显著
负向影响。

（2）农业生产性服务提高粮食生产技术效率的实证研究

陈超等（2012）运用 C-D 生产函数和个体固定效应模型、双因素
固定效应模型分析了水稻生产环节外包对生产效率效应的影响，认为水
稻生产环节外包可以提高生产效率。张忠军、易中懿等（2015）进一
步将水稻生产环节分为劳动密集型和技术密集型两种，指出整地播种等
劳动密集型生产环节外包对水稻生产效率没有影响，病虫害防治等技术
密集型环节外包对粮食生产效率有显著正向影响。孙顶强等（2016）
也同样认为农业生产性服务可以提高水稻生产技术效率，但针对不同环
节生产服务对生产效率的影响却得出了不同结论。孙顶强等（2016）
基于吉、浙、湘、川四省 295 个水稻种植户的 494 个地块的调查数据，
运用随机前沿生产函数模型分析得出，整地和播种环节的生产性服务对
水稻技术效率有显著正向影响，而病虫害防治环节的生产性服务由于标
准化程度低，劳动投入质量难以监督等原因，对生产技术效率有显著负
向影响。

2. 土地托管等农业生产性服务对粮食种植面积决策的影响

粮食播种面积是粮食增产的基础直接影响粮食增产的基础因素（屈
宝香等，2009），多数学者研究了生产性服务对经营规模、粮食单产的
影响（刘强等，2016；盖璐娇等，2016），仅有少数学者（杨万江、李
琪，2018）研究了农业生产性服务对种植面积决策的影响。杨万江等
（2018）利用 11 省 1646 户农户的微观调研数据实证研究了农户兼业、
生产性服务和水稻种植面积之间的关系，指出农业生产性服务有助于提

高各类农户的种植面积，既可以缓解劳动力流失对种植面积的负面影响，也有助于缓解兼业农户农业收入比重下降对种植面积的负面影响。

3. 土地托管等农业生产性服务对绿色生产行为的影响

化肥农药是粮食生产中重要的投入品，但是农户不合理的施用行为造成了粮食的重金属污染、药残超标等问题，成为粮食质量安全的隐患（栗云端，2014）。部分学者运用不同计量方法分析了化肥施用效率的影响因素，指出农地细碎化降低了化肥施用效率（杨增旭、韩洪云，2011），适度规模经营、农业技术进步是提升化肥施用效率、降低化肥施用强度的有效途径（郑微微、徐雪高，2017）。土地托管等农业生产性服务推动了适度规模经营和农业技术进步，但目前较少有学者直接研究土地托管等农业生产性服务对农户绿色生产行为的影响，仅杨万江和李琪（2017）做了相关研究。杨万江、李琪（2017）利用双对数模型和多元线性回归模型分析稻农化肥减量施用行为的影响因素，指出生产方式转变（包括使用机械和接受生产性服务）是农户化肥施用减量的有效途径，并进一步分析了具体环节对化肥减量施用行为的影响，结果表明，除统一育秧服务外，机械整田、机械插秧和田间管理服务可以显著降低化肥过量施用量。

1.2.4 文献述评

综上可以看出，现有文献已对粮食安全内涵、保障粮食安全路径等做了较为全面和深入的研究。土地托管作为一种新兴的农业生产性服务，系统的理论研究还较少。目前关于土地托管的研究大多通过案例分析土地托管的运行情况，从经济角度分析农户和合作社的收益情况，较少有文献直接研究土地托管保障粮食安全的作用。而且，学术界关于生产性服务和粮食安全关系的研究也大多仅针对数量安全，没有从质量安全、营养安全等多维度考察。为此，本书将从数量安全、质量安全、营养安全和生态安全四个维度综合分析土地托管保障粮食安全的作用机理，并利用实际调研数据，进一步实证分析土地托管保障粮食安全的效果，从而明确发展土地托管的意义，提出加快推广土地托管的建议。

1.3 研究内容、思路与方法

1.3.1 研究内容

本书主要包括以下研究内容：

第2章：粮食安全理论界定与新形势。首先界定本书所研究的粮食范畴，并从生产的角度研究粮食安全的内涵。然后细分我国种粮主体的类型，分析新形势下不同种粮主体面临的种粮难题以及这些难题如何影响粮食安全。进而，指出要解决这些难题、保障粮食安全需要新的社会化服务形式。接着，深入研究了不同种粮主体的农业社会化服务需求情况、当前农业社会化服务供给情况及存在的供需矛盾，最后简单分析土地托管服务可适当弥补当前农业社会化服务存在的不足。

第3章：土地托管相关理论研究。首先界定土地托管相关概念，在此基础上，进一步研究土地托管服务作物、服务主体、服务内容、服务形式，并从生成机制、维持机制、保障机制、变异机制四个方面重点研究土地托管的运行机制。以上界定与理论研究为本书后续研究理顺了思路、搭好了框架。

第4章：土地托管保障粮食安全的机理分析。按照种粮主体的类型，从土地托管可以解决普通农户、家庭农场和种粮大户、农业企业等不同种粮主体种粮难题的角度研究土地托管保障粮食安全的作用机理。明晰土地托管对粮食安全产生的深层影响，为后文明确路径和测度效果提供理论基础。

第5章：土地托管保障粮食安全路径与效果研究。首先从提高土地综合生产能力、新技术应用、减少产后损失等方面阐述土地托管保障粮食数量安全的具体路径；其次，运用调研数据统计分析土地托管对粮食单产和播种面积的影响，并运用计量模型测度了土地托管对粮食生产技术效率的影响；最后，分别研究了土地托管保障粮食质量安全、营养安全、生态安全的路径与效果，并深入分析各类典型案例，从而明确了土地托管如何保障粮食安全以及达到怎样的效果。

第6章：推进土地托管提升粮食安全水平的政策建议。依据土地托管服务形式、运行机制等，总结出土地托管保障粮食安全的机理、路径与效果，明确土地托管是保障粮食安全的新路径。为更好提升粮食安全水平，加快推广土地托管服务是有效的方式。为此，提出相关推广土地托管发展的政策建议，明确开展土地托管服务的原则、发展重点和保障措施。

1.3.2　研究思路与方法

1. 研究思路

本书基于以下思路展开研究：第一，提出问题：粮食安全面临新形式（不种粮、少种粮、粗放种粮等问题凸显）、土地托管快速发展；第二，有何影响：土地托管可以保障粮食安全；第三，如何保障：土地托管保障粮食安全的作用机理；第四，效果怎么样：土地托管保障粮食安全的实际效果；第五，如何进一步推广：明确发展原则、发展重点，完善保障措施。

2. 研究方法

（1）描述性统计分析方法

依据一手问卷调查和访谈数据，分析了农户个人特征、家庭特征、经营特征等，进一步对比分析托管前后以及不同托管程度（半托管、全托管）农户粮食产量、播种面积、农资使用量等投入产出变化情况。

（2）计量经济学分析方法

在相关理论的指导下，本书首先构建随机前沿生产函数，运用随机前沿一步法分析土地托管对粮食产出的影响，考察土地托管对粮食数量安全的影响。其次构建随机前沿成本函数，测算样本农户化肥、农药等农资的使用技术效率，进一步运用 Tobit 回归模型研究土地托管对农资使用技术效率的影响。

（3）案例分析方法

在对实地访谈获取的资料进行加工、整理的基础上，本书采用案例分析法分别研究了土地托管如何保障粮食质量安全、营养安全和生态安全，并充分反映了土地托管对粮食安全各方面的保障效果。

（4）实地调研法

通过实地走访调研的形式获取本书所需数据，了解土地托管实践情况，农户基本特征、托管行为以及小麦种植过程中的投入产出情况等，为本书测度土地托管保障粮食安全效果提供数据支撑。

1.4 研究创新与需进一步研究的内容

1.4.1 可能创新点

1. 研究视角创新

从粮食安全的视角研究土地托管服务如何运行、如何发展以及怎样推广，从而可为保障粮食安全找到一条有益的补充路径。

2. 研究切入点创新

以往研究通常将普通农户粗放种粮、抛荒不种粮的原因简单归结为因种粮比较效益低导致的农户种粮积极性不高。本书在此基础更深一步研究农户种粮积极性不高的原因是耕地经营者的"种粮 + 务工"总收益偏低，因此本书从土地托管可以提高耕地经营者总收入（而非仅仅是种粮收益）的角度来研究土地托管如何提升普通农户种粮意愿。

3. 研究内容创新

①在以往文献对土地托管概念、服务形式研究的基础上，本书进一步对比分析了土地托管与农业生产性服务等其他相关概念的区别与联系，系统研究了土地托管的服务作物、服务主体、服务内容、服务形式，深入探讨了土地托管的四大运行机制及土地托管保障粮食安全的作用机理，这些研究不仅丰富了现有研究内容，而且使现有相关研究更为深化、细化、系统化。

②关于粮食安全的研究已非常丰富，但将土地托管服务与保障粮食

安全联系起来的系统研究则很少见到。本书系统、深入地从三个维度研究了土地托管保障粮食安全的机理、路径与效果，从而丰富与拓展了粮食安全相关研究内容。

1.4.2　需要进一步研究的内容

关于"保障粮食安全视角的土地托管运行机制与发展模式"研究，不论是理论层面还是实践层面都仍处于不断探索之中，本书虽然努力进行了深入、系统的研究，但有些问题还需要进一步研究。

一是样本量有待进一步扩充。由于当前开展土地托管的省份较多，新型种粮主体较为分散、走访难度大，仅靠课题组不到 10 位成员和部分研究生的力量难以获取遍布全国的大量样本。虽然国家有关部门就全国家庭农场进行了监测，有部分数据，但针对家庭农场、种粮大户等种粮主体土地托管环节、面积、农资投入量的微观数据很少，地区之间的差异也使得数据很难全面反映当前的粮食安全状况。因此，有必要加强关于全国种粮主体土地托管、投入产出等微观数据库建设，以克服因样本量过少造成的问题。

二是本书调研地点多为山东省土地托管发展较好的产粮大县，土地托管参与率较高，由于调研过程中发现部分农户对托管前土地的投入产出情况记忆不太牢固，且考虑到不同年份投入品名义价格会浮动，可能导致效率测算不准确，所以实证部分，本书选取当年截面数据对比托管与未托管农户的效率变化，以此直接测度土地托管保障粮食安全的效果，没有测算托管前后效率的变化，可能会产生一定误差。因此，要全面测度土地托管保障粮食安全的效果，需要精确复查及追踪现有样本以及未来投入产出行为。

12

第2章 粮食安全理论界定与新形势

粮食安全是关系国民经济发展、社会稳定和国家自立的重大战略问题。当前我国粮食安全总体形势较好，但基础比较薄弱。长期来看，我国人口众多，随着工业化、城镇化进程的推进和人民生活水平的提高，粮食消费将呈刚性增长，而耕地资源、水资源短缺约束着粮食供给，我国粮食供需将长期处于紧平衡的状态。保障粮食安全依然面临严峻挑战！

2.1 粮食安全理论界定

2.1.1 粮食的界定

世界上对粮食的界定，普遍采用列举的方式。但由于不同国家或地区地域特点、种植结构、饮食习惯不同，各国或地区对粮食的界定也不同；而且同一个国家，由于所处的历史时期不同，技术条件和种植结构会有差异，人们的生活水平、消费习惯也有所改变，因此同一国家或地区不同时期对粮食的界定也有差别。本书将对我国目前粮食的范围作出界定，对影响粮食安全的主要粮食种类作出说明。

我国粮食范围有广义、狭义之分。广义的粮食是谷物、豆类、薯类的总和；狭义的粮食与FAO对粮食的界定一致，仅指谷物，包括稻谷、小麦、玉米。为了与国际接轨，我国统计局对谷物、豆类、薯类分别进行统计，这样既有狭义粮食（谷物）的统计量，又有广义粮食的统计值。目前，我国的粮食界定主要是广义的粮食概念。

但保障粮食安全，重点是保障口粮安全，因此本书所研究的粮食是指狭义的粮食概念，主要包括稻谷、小麦、玉米等谷物。目前，粮食型土地托管服务也主要针对这些作物开展——以小麦、玉米为主，其次为水稻。本书理论部分研究的粮食包含这三类谷物；实证部分的研究，主要以小麦、玉米为主，这一方面与土地托管服务内容的主次有关，另一方面因为水稻与另外两类谷物的托管内容有较大差异，不便一一进行研究。

2.1.2 粮食安全的概念

粮食安全是一个动态概念，随着社会经济的不断发展，人民生活水平的不断提升，与社会经济发展水平相适应的粮食安全的概念也在不断演变丰富。同时，由于各地经济发展水平、社会文化等不同，不同的国家或地区对粮食安全的理解也不同。本书主要梳理国际上对粮食安全概念的界定，并指明当前中国对粮食安全的定义以及本书对粮食安全概念的理解。

1. 国际上粮食安全概念的演变

国际上粮食安全概念的演变，总体上经历了三个阶段。

第一阶段，20 世纪 70 年代——粮食安全概念提出的初期。这一时期，全世界正处于严重的粮食安全危机中，全球粮食储备水平急剧下降，库存数量减少，全球粮价飙升了近两倍。另外，人口增长迅速、金融危机以及商业炒作等因素导致粮食供给量短缺。在这一背景下，1974 年联合国粮农组织将粮食安全定义为"为保证任何人在任何时候都能得到为了生存和健康所需要的足够食品"。这一概念重点突出了粮食供给总量安全，倡导各国增加粮食产量，保障粮食储备，提升粮食安全水平。

第二阶段，20 世纪 80 年代——粮食安全概念的拓展期。得益于这一时期相对平稳的国际环境，世界经济也有了一个快速发展的稳定期，虽然世界粮食产量水平提升，但贫困和饥饿现象依然存在。1983 年，粮农组织将粮食安全概念修改为"确保所有人在任何时候既能买得到又能买得起他们所需要的基本食品"。这一概念的提出表明，粮食安全不单单只包括粮食供给数量安全，还包括购买安全，只有粮食的供给和需求充分对接，粮食安全才得以保障。

第三阶段，20 世纪 90 年代至今——粮食安全概念的完善期。一方面，粮食质量安全问题频发；另一方面，人们对粮食的质量和营养品质要求越来越高，一定程度上加深了粮食供给结构性短缺的问题。这些问题引发了人们对粮食安全问题的新一轮思考，1992 年国际营养大会认为，"在任何时候任何人都可以获得安全营养的食品来维持健康能动的生活，才称得上实现了粮食安全"。1996 年第二次世界粮食首脑会议又作如下表述："只有当所有人在任何时候都能够在物质上和经济上获得足够、安全和富有营养的粮食，来满足其积极和健康生活的膳食需要及食物喜好时，才实现了粮食安全。"粮食安全的内涵，已经从数量安全，延伸到质量安全、营养（品质）安全和购买安全。

2. 本书对粮食安全概念的理解

本书所研究的粮食安全，是指任何人在任何时候，既能买得到又能买得起符合自己要求的粮食。一是买得到，此为基础，即数量上保障安全；二是买得起，也就是粮食价格要和人们的收入相符合，购买地点要方便，即粮食购买安全；三是符合人们要求，要满足人们对粮食的质量安全要求和营养品质要求，即质量安全和营养（品质）安全；四是为生产出符合人们质量和营养要求的粮食，要保障粮食生产环境的安全，即生态安全。课题主要研究如何从生产上保障粮食安全，因此本书所考察的粮食安全包括数量、质量、营养（品质）、生态四个方面的安全。

2.1.3　粮食安全的价值维度

基于对粮食安全概念的理解，本书所研究的粮食安全价值维度应该包括数量安全维度、质量安全维度、营养（品质）安全维度、生态安全维度。

1. 数量安全维度

粮食数量安全是指一国或地区具备足够的粮食生产能力，能够在数量上满足居民对粮食的需要。此为粮食安全的基本要义，是粮食安全保障最基础、最主要的工作。作为口粮，粮食数量不足，引发的粮食危机，是社会动荡的根源。而且粮食供给还影响着经济社会的方方面面，作为很多产业的原材料，粮食供给不足将影响和制约整个国民经济发展。

目前，我国保障粮食数量安全仍有一定压力。一方面，耕地资源、水资源、生态环境、技术增产的约束使粮食供给数量持续增长的压力越来越大；另一方面，人口的增加、对畜禽产品需求的增加，导致对口粮、饲料用粮的需求不断增大，粮食供需矛盾远未消除。数量安全始终都是粮食安全的重要价值维度，应摆在粮食安全工作的首位。

2. 质量安全维度

粮食质量安全是指一个国家或地区生产或提供的粮食在质量方面能够满足本地居民对粮食安全的要求，此为粮食安全维度的提升。一方面，随着居民收入水平的不断提高，居民对粮食的需求也日益增强，人们也已不再满足于吃饱，更要求吃好，因此，粮食的安全性便是首要保证、解决的问题；另一方面，随着工业化进程的不断推进，部分工业废弃物污染了农业生产环境，导致粮食质量下降；粮食生产过程中农药、化肥的不合理使用，导致粮食药残超标、重金属污染等；粮食因晾晒不及时或在仓储环节发生了霉变，致使粮食质量受损，粮食不安全因素逐渐增多、不安全程度不断加大。因此，新时期保障粮食的质量安全，为粮食安全的第二要义。

3. 营养（品质）安全维度

粮食营养（品质）安全是指一个国家或地区生产或提供的粮食在营养方面能够满足本地居民对粮食安全的要求。一方面，随着人们生活水平提高和消费观念转变，居民对粮食需求逐步由温饱阶段的数量追求转向富裕阶段的品质追求，居民对粮食营养品质、专用性以及稳定性提出更高的要求；另一方面，虽然我国粮食供需在总量上保持紧平衡，但在品种结构上存在严重的供需缺口，主要表现为低质量普通粮食供大于求，高品质粮、专用粮远远不能满足国内粮食需求，我国每年大量进口的小麦、稻谷，大部分为优质粮。伴随着居民对优质粮、专用粮等高品质粮食需求的不断增长，我国优质粮、专用粮供不应求的局面愈发严峻。粮食营养（品质）安全，是建立在粮食数量安全和粮食质量安全基础上的、与时俱进的重要价值维度。

4. 生态安全维度

粮食生态安全是指一个国家或地区能够确保粮食生产的生态环境安全，可以生产安全、营养的粮食。粮食生态安全之所以是粮食安全的重要维度，主要基于以下两点。一方面，粮食生产活动主要依附于土地资源和水资源等生态环境，而生态环境在人类强大的改造自然能力面前显得十分脆弱，因此，强调粮食生态安全有利于在数量、质量、营养方面保障粮食生产能力；另一方面，我国粮食生产的生态环境面临严峻考验。我国耕地面积逐年减少，耕地质量总体较差，土壤退化、"三废"污染等问题严重。水资源不仅总量短缺，且分布极不均衡，水土资源很不匹配。面对粮食生产重心不断北移，我国北方地区水资源短缺矛盾更加突出。粮食生产面临着资源相对匮乏、环境相对恶化的严峻形势，这不单影响到粮食的产量，还影响到粮食的质量。因此，粮食生态安全是粮食安全的应有之义。

综上四点所述，粮食数量安全是粮食安全的根本，是保障粮食安全的首要工作；粮食质量安全是粮食安全的基础，是当前保障粮食安全需要重点解决的问题；粮食营养（品质）安全是粮食安全的提升，是当前保障粮食安全的重要着力点；粮食生态安全，是粮食数量安全、质量安全、营养（品质）安全的保障。本书将从粮食安全的这四个价值维度分别研究土地托管是如何有利于保障粮食安全。

2.1.4 种粮主体的主要类型与基本特征

本书研究如何从生产环节保障粮食安全，因此就必须明确目前我国种粮主体有哪些个人或组织，不同的种粮主体有何特征，这些特征对于粮食种植有何影响。

依据不同的划分标准，种粮主体可以划分为不同的类型。例如，从经营规模上可以划分为小规模、中规模、大规模经营主体；从收入结构和兼业程度上可以划分为以粮为主、以粮为辅的经营主体；从组织模式上可以划分为家庭经营、合作经营；从经营能力上可以划分为职业经

17

营、普通经营；从商品化程度上可以划分为自给型经营、商品型经营。本书首先根据经营规模，将种粮主体划分为普通种粮农户、新型种粮主体。然后，再分析这两类种粮主体在兼业程度、组织模式、经营能力、商品化程度等方面的特征。

1. 种粮主体的类型划分

本书依据经营规模大小，将种粮主体划分为普通种粮农户、新型种粮主体两大类。根据农业部的定义和其他研究成果的划分标准，普通种粮农户是种植规模在 50 亩（一年成熟两季及以上的区域）或 100 亩（一年成熟一次的区域）及以下的粮食种植者[①]；新型种粮主体是指种植规模在 50 亩（一年成熟两季及以上的区域）或 100 亩（一年成熟一次的区域）以上的粮食种植者。因此，本书中的新型种粮主体又可以称为规模种粮主体，目前我国的新型种粮主体主要包括种粮大户、家庭农场、专业合作社、农业企业。

截至 2016 年 6 月，全国经营规模 50 亩以上的规模经营农户超过 350 万户（经营耕地面积超过 3.5 亿多亩），其中新型种粮主体已经超过 270 万家[②]。新型种粮主体发展较快，以家庭农场为例，截至 2015 年底，在县级以上农业部门纳入名录管理的家庭农场超过 34 万家，比 2013 年的 13.9 万家增加了 1 倍多（平均经营规模 150 亩左右）；在工商部门注册的家庭农场达到 42.5 万户，比 2013 年的 10.6 万户增长了 3 倍多[③]。规模经营农户通常选择种植粮食、经济作物、粮食+经济作物或种养相结合等方式进行生产，因此或多或少都会选择种粮。据张藕香、姜长云等（2014）对 10 个省规模经营农户的抽样调查发现，中部地区有 67.31% 的规模经营农户种植粮食，西部地区有 42.65%，东部地区种植粮食的规模经营农户相对较少，为 27.59%[④]。

---

① 可能与各地注册家庭农场的标准不同。
② 王丽玮、翁迪凯：《全国农民合作社达 174.9 万家覆盖四成农户》，2016 年 11 月 17 日，http：//zj. people. com. cn/n2/2016/1117/c228592 - 29327007. htm。
③ 农业部农村经济体制与经营管理司：《中国家庭农场发展报告》，2016 年，第 12 ~ 31 页。
④ 张藕香、姜长云：《不同类型农户转入农地的"非粮化"差异分析》，载于《财贸研究》2016 年第 4 卷第 4 期，第 24 ~ 31 页，第 67 页。

2. 不同种粮主体特征比较

不同类型的种粮主体有不同的特征，上文研究了普通种粮农户、新型种粮主体在种植规模上的不同，下文将从其他标准分别研究这两类种粮主体的特征。

（1）兼业程度与收入结构方面特征

按照此类标准，普通种粮农户又可以划分为纯粮农户、以粮为主普通农户、以粮为辅普通农户。纯粮农户是指全部家庭收入都来自粮食收入的农户；以粮为主普通农户是指 50% 及以上的家庭收入来自粮食收入的农户；以粮为辅普通农户是指粮食收入不足家庭收入 50% 的农户。

根据董欢、姜长云（2014）对 10 省份 363 水稻种植户的调查，2013 年普通农户的水稻种植规模平均为 6 亩，以农为主的普通农户水稻种植规模平均为 7.5 亩。该课题组调查的水稻种植省份主要是南方省份[①]，因此按 2013 每亩籼稻平均现金收益 2079.11 元[②]测算，以农为主的普通农户的籼稻现金收益为 15593.3 元。而 2013 年，全国农村居民人均现金消费支出 5878.8 元，按农村家庭平均人口数 3 人（2013 年全国平均家庭规模 2.98 人），即农村家庭户均现金消费支出为 17936.4 元。15593.3 元的水稻现金收益难以支撑农村居民的平均 17936.4 元现金消费支出。由此，可推算全国现在小规模种植的普通纯粮农户所占比重非常小。

因此，本书将小规模的纯粮农户归入以粮为主普通种粮农户。这样，本书所研究的普通种粮农户包含以粮为主普通农户和以粮为辅普通农户。新型种粮主体也可分为以粮为主新型种粮主体和以粮为辅新型种粮主体，比如某家庭农场 50% 及以上收入来源于粮食，则该家庭农场

---

① 姜长云：《农户分化对粮食生产和种植行为选择的影响及政策思考》，载于《理论探讨》2015 年第 1 期，第 69 ~ 74 页。

该课题组进行的此次农户问卷调查，主要利用学生寒假回乡之机，组织 11 所高校的学生在安徽、江苏、河南、浙江、广东、陕西、四川、辽宁、内蒙古和新疆等 10 省（自治区）展开。

② 该课题组调研的 10 个省份中，种植水稻的省份主要有安徽、江苏、河南、浙江、广东、四川等地，这些地区主要种植籼稻，有些区域种植的是中、晚稻，有些地区是种植的早、中、晚籼稻。2013 年全国早、中、晚稻亩均现金收益分别为 614.11 元、826.71 元、638.29 元，即便假设调查的所有省份都是种的三季籼稻，2013 年籼稻亩均收益为 2079.11 元；如果按照 2.5 季推算，2013 年籼稻亩均收益为 1732.59 元。

则以粮为主，否则以粮为辅。然而对于某一新型种粮主体，即便粮食收入不是其主要收入，但由于种粮规模较大，粮食收入较多，新型种粮主体也会将粮食作为重要产业来经营。因此本书不再区分新型种粮主体是否以粮为主。

故按照兼业程度与收入结构划分标准，本书又进一步将种粮主体划分为：以粮为主普通种粮农户、以粮为辅普通种粮农户、新型种粮主体。

（2）组织模式与经营能力方面特征

根据组织模式的不同，普通种粮农户为家庭型经营；新型种粮主体中的种粮大户、家庭农场也为家庭型经营，农民专业合作社为合作型经营主体，农业产业化龙头企业属于企业型经营主体。依据农业经营能力的不同，本书所研究的以粮为主和以粮为辅的普通种粮农户均属于普通型种植主体；种粮大户、农民专业合作社、家庭农场、农业产业化龙头企业等新型种粮主体均属于职业型种粮主体。

（3）商品化程度方面特征

粮食种植的目的无外乎两点，一是满足自家消费，二是作为商品销售获取收益。由此判断，本书所研究的粮食种植者中，以粮为辅的普通种粮农户中一部分农户可能以自给型经营为主，一部分农户可能自给型经营、商品型经营均有；以粮为主的普通种粮农户除小部分自家消费外，大部分粮食主要作为商品销售，故应以商品型种植为主；新型种粮主体则基本上是商品型经营。

（4）流转耕地方面的特征

以粮为辅的普通种粮农户主要是经营自家承包耕地，流转耕地的情况较少；以粮为主的普通种粮农户既有经营自家承包耕地的农户（一般自有耕地面积相对较大），也有部分农户是在经营自家耕地的基础上流转其他农户的耕地。新型种粮主体中，农民专业合作社多以社员自有耕地为主，也有部分为社员自有耕地＋流转耕地；其他新型种植主体则主要是流转耕地。

不同种粮主体在经营规模、组织模式、兼业程度、经营能力等方面的不同，实际是与其经营特征息息相关、相互影响。如不同种粮主体在土地、机械、劳动力、技术等生产要素的配置上不同，种粮产出也不同。不同种粮主体在要素配置与产出方面的特征详见表 2－1，在此不再赘述。

20

表 2 - 1　　　　　　粮食种植者类型划分与特征比较

	普通种粮农户		新型种粮主体（规模经营主体）			
	以粮为主农户	以粮为辅农户	种粮大户	家庭农场	专业合作社	农业企业
经营规模	50 亩或 100 亩及以下①		50 亩或 100 亩以上②			
兼业程度	以粮为主	以粮为辅	以粮为主	以粮为主或以粮为辅	以粮为主	以粮为主
组织模式	家庭经营	家庭经营	家庭经营	家庭经营	合作经营	企业经营
经营能力	普通经营	普通经营	职业经营	职业经营	职业经营	职业经营
商品化程度	商品型经营为主	自给型经营为主或自给＋商品型经营	商品型经营	商品型经营	商品型经营	商品型经营
流转耕地程度	自有耕地或自有＋流转	自有耕地为主	流转耕地为主	流转耕地为主	自有耕地或自有＋流转	流转耕地
机械拥有程度	小型机械较少、大型机械基本没有	基本没有或不使用	小型机械一般较全；大型机械没有或较少	小型机械一般较全；大型机械基本没有或较少	较全或基本没有	较全或基本没有
技术采用	一般不主动采用	一般不主动采用	采用	采用	采用	采用
粮食单产	较高	较低	较高	较低	较高	较低

注：①一年成熟两季及以上的区域，50 亩及以下；一年成熟一次的区域，100 亩及以下。
②一年成熟两季及以上的区域，50 亩以上；一年成熟一次的区域，100 亩以上。

2.2　保障粮食安全面临新形势

保障粮食安全，首要任务就是保障粮食生产安全。但目前不同的粮食种植主体均面临一些新问题，这些问题或影响到粮食数量安全，或影响到粮食质量安全、营养（品质）安全、生态安全。

2.2.1　不同种粮主体粮食种植面临新问题

1. 普通种粮农户粮食种植中出现的新问题

近年来，种粮比较收益越来越低，普通农户的种粮积极性难以提高，粗放种粮、少种粮、抛荒不种粮的现象不断加剧。

（1）粗放种粮

粗放种粮又称为隐性撂荒，是指农业经营者虽在耕地上播种粮食，但投入的人、财或物明显低于正常水平或达不到种植要求，导致耕地利用率下降、产出减少的现象。由于种粮比较效益低，大部分青壮年劳动力外出务工或经商，从事农业日常管理的多是 60 岁以上的老人、在家照顾孩子或老人的妇女或者就近务工（或经商）者，导致目前粮食种植出现老人田、妇女田、候鸟田、休闲田。这部分种粮者或是没有充足的体力，或是没有充足的时间，或是不依赖粮食收益，导致粮食粗放种植现象时有发生。粗放种粮主要表现为以下方面：

一是投入劳动较少，主要依赖化学品和机械投入。大部分普通种粮农户在耕种、施肥、灌溉、喷药等作业环节，劳动投入均相应减少或免除，更多选择除草剂、化肥，以节省人力。甚至为减少投入尤其是人工投入，明显减少浇水、施肥、喷药次数，取而代之的是单次化肥、农药的使用量大幅增加，由此带来的耕地质量下降和生态问题不容小觑。

二是经常发生田间作业农时延误，或直接减少田间作业次数的现象。除收割以外，粮食种植的大部分田间管理事务的安排并不是严格按照农时进行，很多田间事务的时间是根据田间管理者在某一时段的空闲时间来安排。比如，除草、病虫害防治可能在其出现的某三两天内喷药效果最好，但在这段时间内，田间管理者可能因上班、照顾家庭等原因无法抽身，导致农时延误，后期防治的成本可能增加、效果还可能降低。甚至有些农户，因家庭收入不以粮食为主，且粮食单价过低，以牺牲粮食产量为代价，减少一些田间管理事务。

三是先进的技术难以推广应用。由于大部分普通农户种粮积极性不高，家庭收入不以粮食收益为主，或因种植规模过小，或受到田间管理者文化、年龄等因素限制，大部分普通种粮农户选择新技术的意愿并不强烈。对种子、化肥、农药等农资的选择多是从众，一般不专门进行信息搜寻。对智能配肥、节水灌溉、深耕深松等种植技术选择的意愿更不强烈。大部分普通种粮农户很少主动选择先进技术，先进技术推广难度较大。

（2）耕地抛荒

普通农户种粮积极性不高，除表现为粗放种粮或不种粮，更有甚者将耕地直接抛荒。依据一年中抛荒时间长短，耕地抛荒分为常年性抛荒与季节性抛荒，前者是指农户全年在承包的耕地上不种植任何作物，完全抛荒；后者是指农户仍然耕种承包地，但存在人为减少轮作次数的现象，如三季田改种两季、两季田仅种一季的情况。

我国多地出现常年性抛荒或季节性抛荒现象。近 20 年，全国大概有 8% 的农户抛荒，遍及 30 个省份，107 个县[1]，每年抛荒耕地近 3000 万亩。当前尚无全国抛荒的系统数据，但各地的调查数据基本显示了抛荒的共性。截至 2008 年 4 月，四川省 10 个市、77 个村的承包耕地中，就有 5.3% 的耕地抛荒，抛荒面积达 5541 亩，其中常年性抛荒 2410 亩（占 43.5%）、季节性抛荒 3131 亩（占 56.5%）[2]。2008 年，安徽省仅合肥、巢湖、六安、安庆、滁州 5 市，抛荒面积就达 7 万亩[3]。2009 年，湖南省双清区抛荒耕地 1100 亩左右（占耕地面积 2%），其中大部分耕地（82%）为全年性抛荒[4]。

近几年来土地抛荒的现象并没有得到缓解。对五指山市的调查显示，2016 年该市抛荒总面积 8832 亩，占耕地总面积的 13.85%[5]。戴攸峥（2015，2016）对江西省 9 个地级市的 59 个村进行了调查，存在耕地抛荒现象的村就有 51 个，其中抛荒面积在 40% 以上的村庄就有 10 个，最严重的村竟有 70% 的耕地被抛荒[6]。以上数据均显示，耕地抛荒现象在全国各地普遍存在。

2. 种粮大户、家庭农场粮食种植中面临的新问题

（1）流转耕地成本高、连片经营困难大

农业部 2014 年启动了家庭农场发展情况监测工作，典型监测 2826 户有效样本经营的土地中，36.53% 来自家庭承包或其他方式承包，

---

① 李俊高、李萍：《我国农地撂荒及其分类治理：基于马克思地租理论的拓展分析》，载于《财经科学》2016 年第 12 期，第 47~54 页。

② 徐莉：《我国农地抛荒的经济学分析》，载于《经济问题探索》2010 年第 8 期，第 60~64 页。

③ 冯长福：《我省土地抛荒十万亩》，载于《安徽日报》2008 年 5 月 22 日。

④ 张建国：《双清区耕地抛荒成因及其对策》，载于双清区农林局网站，2009 年 5 月 7 日。

⑤ 易建阳：《五指山一成多耕地弃耕抛荒》，载于《海南日报》2016 年 4 月 12 日。

⑥ 戴攸峥：《农村耕地抛荒的多层治理》，载于《南昌大学学报（人文社会科学版）》2017 年第 8 期，第 63~68 页。

63.47%来自流转土地。其中粮食型家庭农场中,家庭承包或其他方式承包的土地、流转土地分别占34.78%和65.22%。对于流转耕地经营的家庭农场或种粮大户而言,租金是粮食种植的主要成本之一。据监测数据,2014年家庭农场流转土地每亩租金501.1元,比2013年的475.7元上涨了5.3%。种植类家庭农场、粮食型家庭农场流转土地租金分别为522元/亩、514.38元/亩,分别比2013年增长了5.73%和5.41%。2014~2017年,课题组多次到山东省汶上县调研,发现当地土地流转情况和全国总体形势基本一致。近年来当地土地流转的价格由400元/亩上升到1000元/亩,部分种植经济作物的耕地流转价格上升到1200~1500元/亩。受当地经济作物连片大规模流转耕地的影响,用于种粮的耕地流转价格不断攀升,该县2014年左右种粮者每亩耕地的流转价格为400~800元,2017年很多耕地流转价格每亩在600~1000元,其中连片流转租金基本在900~1000元/亩。如此高的流转费用和走低的玉米价格,导致2016年种粮(小麦、玉米轮作)的亩均收益基本维持在200~400元,这也是种粮大户、家庭农场最大的忧虑,甚至是部分规模经营者退租或"跑路"的直接原因。

即便连片流转耕地的价格比分散流转的价格要高,但种粮大户和家庭农场想大规模连片流转耕地仍是比较困难。农业部监测的2826户有效样本中,平均经营土地面积为334.17亩,平均每个家庭农场拥有34块耕地,每块耕地的面积平均不足10亩。粮食型家庭农场的平均经营规模为428.8亩,每块耕地的面积略有增大,但也不足15亩。耕地的细碎化使管理难度加大、管理成本增加,种粮的平均成本也随着上升。

(2)农业机械投资过大

在一些农业生产性服务业发展不完善的地区,很多家庭农场和种粮大户仍需要自购大量农机。课题组调研发现,除了烘干机、大型收割机、大型耕种一体机等大型农机具外,平均60%以上的家庭农场和种粮大户都购置了农机,其中购买旋地机械、播种机、施肥机械、打药机械、灌溉设备、收割机、脱粒机、运输机械的家庭农场分别占家庭农场的67.3%、63.3%、65.3%、42.9%、75.5%、46.9%、44.9%、71.4%,家庭农场自购农机的比例依然较高。这些农机,尤其是一些高效能、大马力的农业机械动辄几万元,甚至一二十万元。在种粮亩均收益200~400元,平均规模300亩左右的粮食型家庭农场中,年均收益为 6 万～12 万元。如此的收益很难去购置数万元的农业机械。调研中我们发现，大部分家庭农场（除原来提供农机服务的农机户成立的家庭农场）一般选购 2 万元以下的农机，但多种农机累积，其农业机械的投入也在十余万元。而部分购置大型机械的家庭农场，其农业机械的投入更在几十万元，这样大的投入除自家使用，仅能靠短暂的提供农机服务来分摊成本。当然还有部分家庭农场不愿意购置农机，除购置成本高以外，很多家庭农场还担心土地流转不稳定，造成农机的闲置或低价转让，这部分家庭农场一般选择农机服务。

（3）季节性用工逐渐变难

家庭农场或种粮大户的经营规模决定一些需要投入较多劳动的生产活动仅靠家庭成员，难以完成。因此在灌溉、喷药等机械替代较少的环节需要大量的雇工。课题组调研发现，93.9% 的家庭农场农田灌溉需要雇工；81.6% 的家庭农场植保、病虫草害防治等喷药作业需要雇工；施肥、耕地、收割等环节需要雇工的比例分别为 32.7%、28.6%、26.5%。但随着务工或非农经营的青壮年劳动力不断增多，留在村里的劳动力多为年龄较大、难以找到非农就业岗位或必须照顾家庭的老人或妇女，季节性用工难的问题逐渐呈现出来。

①非技术型雇工老龄化严重、工资不断增加，且将来雇工会更难。调研中发现，灌溉、人工喷药等技术性要求不高的农活，雇工多为 50 岁以上的妇女和 60 岁以上的男士，其中 87.8% 的家庭农场雇用的劳动者在 50～60 岁，32.7% 的家庭农场雇用的劳动者在 60 岁以上。而且劳动力的工资在不断增长，2014 年山东多数县市，季节性雇工的工资多为 50～60 元/天，2017 年大部分地区增至 60～80 元/天。很多作业按亩收费，以人工喷药为例，劳动者每喷一壶药，人工费在 5 元左右，一亩地一般需要喷 1.5 壶，这样每喷一次药，仅人工费就需要 7.5 元/亩，而小麦或玉米一季大概需要喷 2～3 次农药，因此仅人工成本就 15～22.5 元/亩。同时由于大田作业难以监督，喷药效果也难以保障。很多家庭农场虽然表达了现在雇工存在年龄大、成本增加、监督难等问题，但也有很多人对将来用工表达出更多的担忧，普遍认为将来人更难找、价格会更高，而粮食价格上涨的空间基本很小。

②年轻有技术的农机手难找。家庭农场和种粮大户的农机拥有量较高，其中很多家庭农场或种粮大户需要雇用部分农机手操作。但在抢

种、抢收的时段每天 200~400 元的工资也较难找到合适的农机手。这可能与农机操作季节性强、用工时间短、每天工作时间长有较大的关系。很多家庭农场或种粮大户，正是因为雇用长期农机手总费用太高，短期又难以找到合适的农机手而放弃进一步购置农机的想法。

（4）融资困难

目前，多数家庭农场或种粮大户都有进一步扩大经营规模的意愿，发展过程中土地流转、地块整理、农机投入、农资购买、生产设施改善和临时雇工都需要大量资金投入且资金周转季节性强，但大部分家庭农场或种粮大户自身资金不足，又缺乏有效的融资渠道。农业部监测的2826 户有效样本中，83.2% 的家庭农场有融资需求，但只有 46.38% 的家庭农场有贷款或外债。家庭农场的主要借贷渠道是农村信用社和亲朋好友，分别占 42.94% 和 28.83%，从大型商业银行和邮政储蓄银行贷款的比例分别为 11.38% 和 6.39%。而且贷款数额往往满足不了大规模资金周转的需要，如河北省 9162 个家庭农场中仅有 767 个家庭农场获得过贷款支持，占全省家庭农场总数的 8.37%，其中贷款金额 20 万元以上的只有 130 个家庭农场，占获得贷款农场总数的 16.95%。另外，种粮大户、家庭农场还存在融资成本高、融资申请难等问题。

（5）农业保险需求大、投保率较高，但对理赔不甚满意

小规模经营的农户在遭遇自然灾害之后，一方面总损失相对较小，另一方面可以通过打工、经商等其他收入来分散或弥补，农户参与农业保险的积极性较低。家庭农场和种粮大户的规模化的经营，不同于小规模分散经营，风险一旦发生，总损失额度相对较大，且大量人力、物力、财力的投入导致家庭农场遇到灾害时，需要农业保险的支持。但是，现实农业保险的投保与理赔情况却不容乐观。农业部 2014 年监测的 2826 个有效家庭农场样本中，1300 户家庭农场有保费支出，占 46%（平均每户家庭农场支出保费 4250.09 元）；课题组对山东汶上县的调研中也发现，95% 的家庭农场表示需要农业保险，其中很需要农业保险的家庭农场占到总样本的 79.6%，而且 91.8% 的家庭农场都认为保费不高，90% 以上的家庭农场都购买了政策性农业保险（该县为政策性农业保险试点县）。但大部分家庭农场对农业保险的理赔却不太满意，73.5% 的家庭农场认为赔付不及时但尚可接受，40.8% 的认为赔付额较低，53.1% 认为赔付范围不合理。

（6）非粮化倾向明显

由于粮食种植相对经济作物种植具有生产简单、技术要求不高、资金投入相对较少、劳动及时间投入少、价格相对稳定等优势，很多家庭农场或种粮大户会选择种植粮食。但同时，由于种粮收益相对较低，部分家庭农场在经济利益的驱动下选择种植经济作物，或者是种植、养殖业相结合。2014 年，农业部启动了家庭农场发展情况监测工作，2826个家庭农场中，65.43% 的为种植类家庭农场，其中粮食型家庭农场1436 户，仅占家庭农场的 50.81%。课题组对山东部分家庭农场的调研中也发现，为增加收益，很多家庭农场或选择拿出部分耕地种植经济作物，或者采用经济作物与粮食轮作的方式，在不适合露天种植经济作物的季节改种粮食，家庭农场的非粮化倾向比较明显。而这一现象并非是某一地区家庭农场的"专利"，张茜等（2014）对河南舞钢市家庭农场的抽样调查也发现，该市家庭农场中全部种植粮食作物的家庭农场仅占19.05%，全部经营经济作物的占 33.33%，其余是粮经兼营模式，占47.62%[1]。宁波市 279 家种植类家庭农场中，经营粮食作物的有 28 家，仅占 10.04%[2]。

3. 农民专业种植合作社、农业企业粮食种植面临的困境

粮食型农民专业种植合作社，一般是由某个种粮大户或家庭农场领办，社员包括普通农户、种粮大户、家庭农场等种粮主体。合作社在粮食种植中主要是提供粮食种植的生产性服务（如良种、农药、化肥的供应，农业生产指导，粮食收购、储运、加工等服务，部分合作社可能还组织自有农机或联系其他服务组织提供农机服务），粮食种植的具体事务由各个社员负责。因此，除了享有合作社提供的某项或某些生产性服务，社员在粮食种植中可能遇到的其他问题便与普通农户、种粮大户、家庭农场类似，在此不再赘述。

粮食型龙头企业主要从事粮食的加工、销售，在拉长粮食产业链、增加粮食产业附加值方面功不可没。粮食作为龙头企业主要原材料（或

---

　　① 张茜、屈鑫涛、魏晨：《粮食安全背景下的家庭农场"非粮化"研究——以河南省舞钢市 21 个家庭农场为个案》，载于《东南学术》2014 年第 3 期，第 94～100 页、第 247 页。

　　② 凌永健：《宁波市家庭农场发展调研报告》，载于《浙江现代农业》2012 年第 2 期，第 34～36 页。

初级产品），对龙头企业至关重要，抓好原材料生产与采购是每个龙头企业优先考虑的问题。当前，龙头企业在原材料方面面临以下问题：一是国内普通粮多、优质粮少；二是进口优质粮价格高；三是龙头企业＋专业合作社＋基地（农户）的模式，组织成本高、粮食品质有时难以保障。因此，很多龙头企业无奈选择建设自己的生产基地。如监利县福娃集团2013年流转6万亩耕地，建立水稻清洁生产基地；荆门市洪森粮油集团流转耕地，建设了10万亩有机稻种植核心基地、100万亩优质稻种植拓展基地。同时，像山东的西王集团、郑佰集团、众康集团、利生面业等粮食型龙头企业也一次性流转数千、上万亩耕地建立自己的生产基地。

龙头企业直接流转耕地，建设生产基地既能保障原材料的品质，又能作为学习基地，起到很好的示范作用。但生产基地的建设需要大量的资金投入，除流转耕地的费用外，生产过程中的农业机械的购置、农资供应、雇工费用等也需要大量的资金支出；同时，龙头企业的核心业务是粮食的深加工，粮食种植并非是其专业特长，比较优势并不明显。因此，虽然自我建设生产基地可能较好地解决原材料的问题，但也要承担较高的会计成本和机会成本。于是，有没有完善的农业生产性服务组织来帮其管理生产基地便是其既能保障原材料供应，又能专注粮食深加工等核心业务的关键所在。

2.2.2　新问题影响到粮食安全

1. 加大粮食数量安全保障压力

粮食数量安全是粮食安全的第一要义，保障粮食数量安全：既要有地可种，又要有人来种。由于种粮机会成本高、比较效益低，多数农户（包括规模经营农户）种粮积极性不高。普通农户表现为粗放种粮、多种经济作物少种粮、撂荒不种粮；规模经营主体则集中表现为种植经济作物、发展高附加值的休闲观光产业，非粮化现象频出。上述有地不种粮、没人愿种粮的问题在一定程度上将加大粮食数量安全保障压力。

（1）粗放种粮对粮食数量安全造成的影响

如前文所述中以粮为辅普通农户或老龄化严重农户通常会存在粗放种粮的现象。粗放种粮对粮食数量安全的影响，最直接的表现就是粮食单产较低。课题组调研发现，以小麦为例，汶上县次丘镇正常种植粮食的普通农户小麦产量大约 600 公斤/亩，规模经营农户大概 550 公斤/亩，而粗放种粮的农户，小麦平均产量一般低于 500 公斤/亩，大部分为 450～500 公斤/亩。粗放种粮农户比正常种植的农户亩产低 100～150公斤。根据中国社会科学院相关课题组研究成果，2014 年全国有 4.03亿亩家庭承包耕地流转，占家庭承包耕地的 30.4%。剩余 70% 的家庭承包耕地仍由农户自己经营，如果这些耕地中有 1% 的耕地粗放种植粮食，全国因粗放种粮导致的粮食产量就减少 92.8 万～139.2 万吨。

（2）撂荒对粮食安全造成的影响

如前文所述普通种粮农户，尤其是以粮为辅的普通农户，可能会出现季节性撂荒或全年性撂荒的现象。当然，从保护耕地、保障土地综合生产能力的长远角度来看，撂荒并未导致耕地的减少，也未造成地力的下降，对粮食数量安全的影响并不太大。但从近期来看，撂荒尤其是常年性撂荒，直接导致粮食播种面积的减少，会在一定程度上导致粮食数量与粮食价格的波动。

（3）非粮化对粮食安全造成的影响

非粮化不仅表现为普通农户的非粮化，更多还表现为大面积流转耕地以后的非粮化，甚至非农化。如前文所述，2014 年农业部监测的2826 户家庭农场中，种植类家庭农场 1849 户，仅占 65.43%，其中粮食型家庭农场 1436 户，仅占 50.81%。另外，专业合作社、农业企业的粮食种植意愿更低，耕地非粮化比例更高。高效益经济作物或高效益产业与粮争地的现象，直接影响着粮食播种面积，面对日益增加的粮食需求，保障粮食安全的压力便不断加大。

2. 增大粮食质量安全保障难度

粮食质量安全是指一个国家或地区能够生产或提供的粮食在质量品质方面能够满足本国或本地区对粮食需求的质量要求。如上文所述，种粮主体在粮食种植、晾晒、储藏等环节存在一些问题，这些问题将对粮食质量安全带来一定的威胁。

（1）粮食种植者（尤其粗放种粮农户）农业投入品滥用引发粮食质量安全问题

粮食种植，尤其是普通农户粗放种植普遍存在农业投入品过量使用、不规范使用等问题。农业投入品滥用主要表现在农药、化肥两类投入品上。化肥、农药的滥用会导致以下问题，威胁粮食质量安全。

①化肥滥用导致土壤重金属污染。近年来，粮食重金属污染事件屡现报端。据统计，我国受重金属污染的耕地面积已达 30000 万亩，占全国总耕地面积的 1/6。农业耕地土壤的重金属污染首先来自工业排放，其次因为农业投入品滥用，尤其是化肥的不合理施用。目前我国是世界第一大化肥施用国。从施用总量上看，2015 年我国化肥施用量 6022.6 万吨，单位耕地的化肥施用量 446.1 公斤/公顷，基本是国际安全使用水平（225 公斤/公顷）的 2 倍。从化肥施用结构来看，1995 年以前我国化肥施用量由大到小依次为氮肥、磷肥、复合肥、钾肥。1995 年以后，复合肥成为第二大化肥。目前（2015 年），氮肥、复合肥、磷肥、钾肥施用量分别为 2361.6 万吨、843.1 万吨、642.3 万吨、2175.7 万吨。氮肥、磷肥的施用量依然过高。全球每年约有 66 万公斤的镉进入土壤，其中经化肥使用进入土壤的比例就达 55% 左右[①]。不合理施用化肥是影响土壤重金属含量变化的重要因素之一，特别是施用磷肥使土壤重金属含量增加较明显[②]。同时，化肥施用还易导致土壤酸性增强，随着土壤酸化，重金属在土壤中的活性增加，使其更容易被作物吸收，从而加剧重金属污染。

重金属可通过阻断生物分子表现活性所必需的功能基、置换生物分子中必需的金属离子、改变生物分子构象或高级结构等途径，对摄入者产生健康危害。

②农业投入品滥用导致粮食药残超标。近年来，食品安全问题，特别是农药残留超标导致的食品安全问题成为一个突出话题。我国是农药生产和使用大国，农药使用问题主要表现在三个方面：使用强度大、使

---

① 栗云端：《我国农业生产中粮食质量安全问题分析》，载于《中国农业资源与区划》2014 年第 4 期，第 75～81 页。

② 任顺荣、邵玉翠、高宝岩等：《长期定位施肥对土壤重金属含量的影响》，载于《水土保持学报》1994 年第 4 期，第 96～99 页。

用效率低、滥用违禁农药①。目前，我国的农药用量位居世界第一，2010 年使用量 130 万吨（商品量），平均每公顷 24.2 公斤，是世界平均使用水平的 2 倍多。虽然近年来农药施用量持续减少（2015 年我国农药使用量 92.64 万吨），但使用强度仍然高于国际安全水平 1 倍多。尤其我国农药使用中除草剂的施用量在不断上升，2015 年除草剂使用量 10.72 万吨（折百量），占农药总使用量的 35.74%，仅次于当年杀虫剂的使用比例（36.30%），而且施用量与 2014 年相比增加 4.76%②。同时，使用不规范也导致农药使用率较低。据测算，我国大量使用的农药仅有 0.1% 左右作用于病虫，其余农药则进入生态系统。另外，一些高毒、高残留的违禁农药仍有使用，如滴滴涕（DDTs）、六六六（HCHs）等比较受关注的残留农药从 1983 年国家就要求陆续停止生产和使用，但不可否认的是现在仍有部分地区还在非法加工和使用此类农药（或衍生农药）。

农药残留超标将产生一系列影响。首先直接影响农产品质量安全，导致农产品营养失衡、感官质量下降，进而危害食用者的身体健康，不仅可能导致生产和非生产性中毒，还可能引发某些疾病③。

（2）不同种粮主体的晾晒困难引起粮食霉变等质量安全问题

粮食如果在正常的成熟季节收割，一般不需要晾晒，尤其是小麦。但由于阴雨天气，或者还未完全成熟就收割等问题，导致粮食收割时水分含量过高，收割后需要晾晒。但目前晾晒困难却逐渐呈现出来。一是普通种粮农户。大部分普通种粮农户，尤其以粮为辅的农户，常年在本地或外地务工，导致无法安排出合理的时间晾晒粮食。粮食种植的主要劳动力——老人和妇女，有时也会因为体力不足，或不会操作农业运输车等，不愿意晾晒。二是新型种粮主体。新型种粮主体种植规模较大，粮食晾晒工作量较大。一项对"农民粮食晾晒问题调研报告"显示，5% 的农户在自家平台晾晒粮食，15% 的在田间、房前，10% 的在操场、运动场、农贸市场等空地，70% 的则在公路边，几乎都没有专门的晾晒

---

① 农药残留超标的原因有两类：一是施用合法农药，但由于过量施用或施用方法、施用时间不对导致农药残留超标；二是施用了违禁农药。

② 束放：《2015 年我国农药生产与使用概况分析》，载于《农业市场信息》2016 年第 8 期，第 31~33 页。

③ 吴林海、侯傅、高申荣：《基于结构方程模型的分散农户农药残留认知与主要影响因素分析》，载于《中国农村经济》2011 年第 3 期，第 35~48 页。

场地。尤其是近年来禁止马路晾晒粮食后，新型种粮主体更需要充足的晾晒场地。课题组在调研中发现，63%的家庭农场反映存在晾晒困难，其中45%的家庭农场存在晾晒场地不足的问题。

目前普遍存在的粮食晾晒难问题，尤其是规模经营农户的晾晒难问题，对粮食的质量安全也将产生一定的影响。因为含水量较大的粮食，如果不能及时晾晒或烘干，往往会导致品质下降，甚至出现霉变、真菌超标的现象。据调查测算，因来不及晾晒或晾晒不当等，造成粮食霉变、发芽，加上马路晾晒污染等问题，每年损失粮食5%左右，仅山东省就大约损失45亿斤①。

（3）收储设施差导致粮食霉变降质与损耗

现在普通农户，甚至一些种粮大户，由于存放场地条件差、安全储粮意识不强，导致粮食存储比较粗放，储存方法不科学，随意堆放，不做安全防护，鼠害、虫害严重，粮食生霉发热，降质降品现象频出。课题组在调研中发现，43%的家庭农场自述仓储条件不好。2014年农业部监测的2826户家庭农场中，58%的家庭农场也面临道路、水利、仓储等生产基础设施落后的问题。由于储粮设施不健全，对粮食的商品质量意识淡薄、缺乏科学储粮知识，保管粮食不当，导致粮食收获后数量减少、质量降低，部分省份在粮食质量调查中发现，平均损失达到产量的8%左右②。

目前普通农户仍经营着全国绝大多数的耕地，普通农户种植的粮食一般销售给粮食经纪人或收购商，因总量较少而很少直接销售给国有粮库。而一般的粮食收购商在收购小农户粮食时，时常因为粮食收购的散而杂，导致收购的粮食质量参差不齐、水分偏高、杂质偏多。另外大多数收纳库点仓储设施相对比较落后，仓库防水、防潮、隔热、密闭等功能较差，缺乏机械通风、环流熏蒸、计算机粮情测控等配套设施，易因部分粮食水分偏高、杂质偏多，以及混收混储造成粮食整体质量偏低，加速粮食陈化变质。

---

① 赵洪杰：《晾晒不当山东每年损失粮食约45亿斤晒粮呼唤机械化》，载于《大众日报》2014年8月8日。

② 万拯群：《我国农村储粮若干问题的意见和建议》，载于《粮油仓储科技通讯》2009年第3期，第51~54页。

3. 粮食营养（品质）安全问题更为凸显

粮食营养品质安全主要是指一个国家或地区生产或提供的粮食在营养供给方面能够满足本国或该地区居民或牲畜对粮食营养的要求。目前，我国粮食营养（品质）安全面临的最大问题就是优质粮供不应求，大量的优质粮需要进口。其主要原因是面对我国越来越大的优质粮需求，我国普通种粮农户不愿意也难以种植优质粮；新型种粮主体在选择优质粮种植时也面临较大困难。

（1）普通种粮农户不愿也难以种植优质粮食

由于种粮比较收益低，农户种粮积极性低，导致很多农户粗放种粮、少种粮，甚至抛荒不种粮。对于粗放种粮的农户，由于粮食单价低，种植面积小（全国农户户均耕地面积 7.5 亩），粮食收入占家庭收入的比重较低，很少有农户会主动搜寻、比较耕种和良种信息，选择种植优良品种。而且由于普通农户的种植规模过小，按照户均 7.5 亩耕地全部种植同一品种的粮食，一般每季总产量不会超过 5000 公斤，如果临近地块没有种植同一品种的粮食，这样小规模种植收获的粮食，因总量过小也很难作为优质粮进行销售，难以实现优质有价。故绝大多数普通种粮农户不会选择种优质粮。

（2）新型种粮主体优质粮种植也面临困难

目前，我国大部分优质粮是由新型种粮主体种植，但是也并非所有的新型种粮主体均选种优质粮。其主要原因有以下几个方面：

一是部分新型种粮主体种植规模依然不大，且土地细碎化现象依然明显。据农业部调查数据，粮食型家庭农场的种植规模虽然在 400 亩左右但土地细碎化现象严重，家庭农场平均地块不足 15 亩。如辽宁某家庭农场流转的 360 亩耕地，涉及 63 块承包地。规模较小、土地细碎化问题给新型种粮主体优质粮种植、收割、储运，尤其是销售优质粮带来困难，因此部分新型种粮主体依然选择种植普通品种的粮食。

二是优质粮种植技术要求相对较高，风险较大。优质粮一般对水、土、肥、温度等要求相对较高，田间管理相对普通品种的粮食相对复杂些。以优质麦为例，相对于普麦，优质麦抗冻性差、田间管理要求更高，一旦出现过寒的天气或管理不善，通常会导致产量低于普通麦。即便优质麦有每斤高出普通麦 0.1 ~ 0.15 元的价格优势，但由于单产的减少，总收益往往也不会增加。

三是如果没有稳定的销售渠道，一般优质粮只能作为普通粮销售，难以实现优质有价。以优质麦为例，目前优质麦的销售一般采用订单方式，粮食收购企业一般与专业合作社或规模较大的家庭农场、种粮大户签订收购协议。如果当地没有稳定的销售渠道，优质麦一般只能以普通粮的价格卖给粮食经纪人、粮食收购商（因为大部分粮食经纪人或收购商没有多个粮仓来各自存放不同质量的粮食）。由于上述原因，仍有部分新型种粮主体没有选种优质粮。

（3）优质粮种植不足，需求日益增长，粮食营养（品质）安全问题不断凸显

一是营养品质方面。如小麦，我国每年生产的优质专用小麦仅占我国优质小麦消费量的8.5%，每年我国不得不花费大量资金购买优质小麦，而国内普通小麦则大量积压，部分地区的农民甚至用小麦作底肥。再如稻谷，我国水稻种植主要集中在南方，南方水稻以籼米为主，但籼米品质大大低于粳米，赖氨酸含量低，精米率、透明度和口感均不如粳米。虽然，我国在大力推进优质稻生产，但符合国家标准的优质米比例依然较低。

二是产品专用性方面。我国的农产品专用化生产才刚刚起步，专用品种所占比重较低。在20世纪80年代初我国才开始小麦专用粉的研制开发，专用粉品种只有近80种，产量只占面粉总量的10%。

目前，我国出现了一方面普通粮供大于求，大量积压，而另一方面优质、专用粮又不得不从国外进口的现象，我国粮食营养（品质）安全问题不断凸显。

4. 粮食生态安全面临较大挑战

粮食生态安全是指一个国家或地区在保障粮食供给的同时，能够确保粮食生产的生态环境安全，可以生产安全、营养的粮食。目前，不同种粮主体粮食种植中面临的各种问题，也使粮食生态安全受到较大挑战。

（1）粮食种植行为诱发农业投入品不合理、不规范使用

如上文所述，由于我国普通种粮农户种植规模较小（户均7.5亩），其中以粮为主的农户片面追求粮食的单产，以获取较高的收益，因此化

肥、农药的投入量相对较大，施用方式也比较传统。以农为辅的普通种粮农户则由于种粮机会成本较高，一般选择粗放种粮，生产行为从众或听取农资销售人员的建议较多，农药、化肥的使用较随意，不去过多追求如何通过科技手段（比如测土配方、智能配肥等手段）减少农资的投入，也不讲求使用的方式是否科学等。新型种粮主体由于种植规模较大，且很多家庭收入以种粮收入为主，因此特别强调投入产出，不会一味地强调增加化肥等农资使用以片面追求单产的提高，在成本收益核算合适的前提下，有强烈的使用测土配方、智能配肥技术的意愿。但由于种种原因（下文分析），这些施肥技术并没有全面推广。课题组调研发现，65.3% 的家庭农场表示需要测土配方技术，但生产中真正采用该技术的家庭农场仅有 36.7%。在农药使用方面，一般更多地追求除草、杀虫、杀菌、助长等效果，有时为了节省人工成本而减少喷药次数，往往会一次喷洒多种农药，且使用量多是达到上限，同时不太主动关注农药是否环保，仅有 14.3% 的家庭农场会考虑药物的生态安全性。

粮食种植行为的不同特点诱发我国化肥、农药的不合理、不规范使用。如前文所述，我国化肥平均施用量是发达国家化肥安全施用上限的 2 倍，远超 225 公斤/公顷的安全标准，易造成水体污染。氮肥施用量大、利用率低，每年大概有 1500 万吨的废氮流到农田以外。农药方面，如前文分析，存在使用量过大、使用效率低、使用违禁农药的问题。

（2）农业投入品的不合理、不规范使用导致严重的农业面源性污染

粮食种植产生面源性污染，主要是因为农药化肥的滥用。主要表现为：①水体污染。农药、化肥使用量大、使用不规范，易造成沟渠、池塘、江河、湖泊甚至浅海水域水体富营养化，导致水藻生长过盛、水体缺氧、水生物死亡。其中化肥的过量施用，是造成水体污染的主要原因之一。2010 年污染源普查数据显示，我国农业源氨氮排放总量为 83 万吨（占全国氨氮排放量的 31%），其中 60% 以上为化肥氮磷流失到水体。②土壤污染。农业生产中化肥、农药和农膜等过量或不合理使用，导致目前我国大概有 1300 万～1600 万公顷耕地受到严重污染，主要表现为土壤酸化、有机质降低、养分失衡，土壤肥力下降、耕地资源隐形减少。

农业面源性污染不仅给环境、生态带来较大的危害，还会直接影响

到农作物的生长。水体污染、土壤污染直接影响到农作物的生长，很多污染物在农产品中累积，导致农产品的污染（如由于土壤重金属污染导致的"镉"大米），进而会对污染农产品的食用者带来影响。

2.3 新形势下保障粮食安全呼唤新的农业社会化服务形式

虽然，2015 年我国粮食产量首次实现了"十二连增"，但我国粮食生产却面临新形势：生态环境亮起红灯、粮食生产成本上升过快、主要农产品价格已赶超国际、黄箱补贴政策已无法增加。新的形势使我国种粮主体面临不同的问题，在上述"地板"效应、"天花板"效应的双向挤压下，以及非粮收益不断增加的情况下，我国种粮机会成本高，普通小规模农户种粮积极性不高，粗放种粮、少种粮、抛荒不种粮的现象频出；新型种粮主体也面临着连片流转耕地难、流转成本高、机械投入大、融资难、经营风险大、农业保险赔付程序复杂及赔付不及时等问题。上述问题的解决需要完善的农业社会化服务体系。目前我国农业社会化服务发展情况如何，能否满足不同种粮主体的需要？是否还需要其他服务形式的补充？

2.3.1 农业社会化服务发展现状

历经几十年的发展，我国农业社会化服务主体多元化格局基本形成，服务模式多样化、服务内容多层次、服务形式灵活化的格局基本呈现。

1. 服务主体多元化格局基本形成

（1）公益性服务体系不断强化，基础地位稳步提升

我国已逐步建立了从中央到乡镇的各级公益性服务组织。2013 年数据显示，种植业、畜牧兽医、渔业、农机、经营管理等系统共有县乡两级公益监管服务机构 14 多万个，人员约 83 万人①。各级公益性服务

---

① 高强、孔祥智：《我国农业社会化服务体系演进轨迹与政策匹配：1978～2013 年》，载于《改革》2013 年第 4 期，第 5～18 页。

组织在气象、农业技术推广、基础设施建设等方面发挥着作用。尤其2015年、2016年两年，国家为提高公益性服务的供给效率，除各级公益性服务组织继续提供公营性服务外，还采用政府向经营性服务组织购买服务的方式来提供公益性服务，购买内容包含大部分公益性服务，如病虫草害统防统治、小麦"一喷三防"、深耕深松、配方施肥与增施有机肥、水稻集中育秧与机插秧、秸秆还田、农膜回收与利用、粮食烘干、统一供种、农业投入品无害化处理与农业面源污染防治等服务。

（2）经营性服务主体快速发展，多元化格局基本形成

在公益性服务基础地位不断提升的同时，经营性服务主体快速发展。既有对外提供经营性服务的农民专业合作社，又有农业产业化龙头企业、农业服务公司、各级供销社、中介组织、农机服务队、农村经纪人、基层农资供应商等各类经营性服务组织或个人。服务的内容涵盖农资供应、耕种服务、田间管理、收割运输、技术支持、产后销售、产品初加工等全产业链的服务。

（3）合作性服务组织快速发展

农民专业合作社在全国快速兴起，并成为农业社会化服务的重要力量。截至2016年10月，全国依法登记的农民合作社174.9万家，入社农户占全国农户总数的43.5%，社均成员61户①。大部分合作社秉承为农服务的宗旨，为社员和周边农户提供社会化服务，其中30%左右的合作社提供生产性服务，50%以上的合作社提供产加销一体化服务。服务行业涉及种植、养殖、林业、乡村旅游等多个行业，服务内容涵盖农机服务、植保服务、技术信息、手工纺织等，基本上从生产领域的服务转向生产、加工、流通一体化的服务。

2. 服务内容多层次格局基本确立

（1）传统型服务基本覆盖，服务内容不断丰富

经过多年发展，农业社会化服务已基本实现在农业技术推广、动植物疫病防控、农产品质量安全监管等服务领域的全覆盖。同时，随着农户需求的多样化和各类服务组织的壮大，社会化服务内容也不断丰富。如合作社提供的各类服务内容（农业生产资料统一供应、生产技术指

---

① 王丽玮、翁迪凯：《全国农民合作社达174.9万家覆盖四成农户》，载于人民网浙江频道，2016年11月。

导、产品统一收购和销售）不断丰富；以机耕、机插、机收为重点的劳动替代型服务和代育秧、病虫草害统防统治、烘干、初加工等为重点的技术替代型服务也越来越普及。与此同时，在一些传统服务领域，服务的内容也不断更新。如气象服务方面，开始加强人工影响天气工作体系与能力建设，提高农业气象服务和农村气象灾害防御水平。

（2）新型服务领域不断拓展

为适应新型服务主体需求，农业社会化服务内容也在不断更新、拓展。如根据新型服务主体的需求，提供诸如市场预测与信息传递、土地流转服务、产品开发与推介、人才培训与管理、管理咨询与发展规划、冷链运输及储藏、金融与保险等服务内容。服务内容基本从单向服务向综合性服务转变，从产前、产中服务环节向产后延伸，服务领域不断扩展。

3. 服务模式多样化、服务形式灵活化的格局基本呈现

随着新型社会化服务主体的快速发展，服务方式与手段也不断创新。如公益性服务组织由过去的被动服务逐渐转向主动服务，服务内容由常规服务向个性化服务转变，现代化服务模式、服务方式也不断呈现。

服务模式上，公益性服务组织依据各种平台提供各类技术服务、气象服务等；村集体经济组织提供服务的模式，如设立村级综合服务站、"村集体＋中介组织＋基地＋农户"的服务模式；农民专业合作社提供服务的模式，既有合作社单独为农户提供服务的模式，也有"龙头企业＋合作社＋农户"的服务模式；龙头企业服务多采用"公司＋基地＋农户"的方式；不同民间服务主体通常以服务换市场、设立农村经纪人协会等模式开展服务。

在服务模式创新的同时，服务形式也越来越灵活。主要的服务形式有：

（1）以经营产业的方式推动社会化服务

这类服务方式通常以利益为纽带，实现各主体互惠互利。如河北金沙河面业集团在产业化经营的同时，推动社会化服务，由企业、合作社、其他公共服务组织共同发力为粮食种植者提供服务。这种服务模式的特点在于，以利益为纽带，实现龙头企业、农民专业合作社和其他公共服务机构三方对接，充分发挥龙头企业的市场资源、合作社的土地与劳动力资源、政府的组织资源，共同为农业生产者提供服务，实现多方共赢。

（2）加强体系建设，强化产学研协作

如专业合作社、农业企业、家庭农场等农业生产组织或服务组织与高校、科研院所建立联系，由科研机构统一供种、提供生产技术指导，将农业科技直接转化为生产力。

（3）开展全程托管服务

如土地托管服务模式，在保持农业经营主体经营权不变的前提下，农业生产性服务组织向农业经营主体提供从农资供应，耕、种、管、收到烘干仓储、销售等全程化的服务内容，经营主体可以根据自己的需要选择一种或多种服务。

2.3.2　新形势下不同种粮主体的农业社会化服务需求

我国种粮主体已逐渐分化为普通种粮农户和新型种粮主体。新形势下，种粮主体的农业社会化服务需求越来越多样化，不同种粮主体需求也出现差异。

1. 普通种粮农户农业社会化服务需求

（1）以粮为辅的普通农户农业社会化服务需求

由于工业化、城镇化进程的快速推进，越来越多的农村青壮年劳动力转移到非农产业，或外出务工或就近实现产业转移。

①对于外出务工的家庭。这类农户一般男性青壮年劳动力外出，有时部分年轻女性也外出务工。课题组走访调查发现，山东汶上县部分农村，50%的农户外出务工，有的村达到70%。这样留守在农村从事农业生产的多为老人或部分年轻妇女。这部分劳动力一方面体力相对较弱，另一方面可能因照顾家庭没有合适的时间进行田间管理；而外出务工者回家农忙的机会成本很高，导致了一部分以粮为辅的农户出现了粗放种粮、撂荒等现象。

因此，这部分以粮为辅的农户要改变种粮过程中出现的粗放种粮、撂荒等选择，就需要较为完善的农业社会化服务。这类农户非农收入较高，农业收入尤其是粮食收入占其家庭收入的比重较低，故其不会过多重视因购买农业服务、节省体力而产生的费用。因此对于一些耕种收的重体力劳动，他们一般选择用机械替代劳动，故需要代耕代种、统一收割等农机类服务。同时，部分以农为辅的年轻女性因照顾家庭或不愿意耕作或机械问题（没有机械或不会操作），也可能需要统一浇水、病虫草害防治以及统一储存、销售及加工等服务。

②对于就近务工的家庭。这些家庭所在县乡非农产业一般较为发达，如课题组走访中发现，山东省有些县乡服装加工、食品加工、纸板加工等劳动密集型产业发展比较好，很多劳动力可以实现就近产业转移，但仍居住在农村。这类农户中的大部分家庭仍会选择种植管理相对简单的粮食，虽有较零星的时间，但其集中存在的问题是没有充足的时间进行田间管理，或请假从事田间管理的机会成本较高。因此，这部分农户，在耕种收等复杂费时的种植环节一般需要服务，在浇水、施肥、病虫害防治等不太费时的环节一般自己操作，而对于统防统治等服务一般也需要。对于储存、销售、加工等服务需求，不同的家庭则存在较大的差异。

（2）以粮为主的普通农户农业社会化服务需求

还有一部分农户，因年龄大、技能差、身体健康状况差等原因没有从事非农产业，依然从事农业生产。这部分农户因种植规模较小（农业收入不高）、非农收入少，家庭收入一般较低，加上种粮机会成本小。因此在粮食种植中，这些农户一般尽可能地投入自己的劳动以控制成本增加，仅在一些重体力劳动的环节才使用农机服务。故这类以粮为主的普通农户，通常仅需要代耕、代种、代收等环节的服务，甚至有些农户仅需要其中的单项服务。对于浇水、施肥、除草、病虫害防治、脱粒、储藏、晾晒等体力要求较低的农事，一般都尽可能自己完成。

2. 新型种粮主体农业社会化服务需求

2014年农业部对全国31个省份的家庭农场的监测数据表明，粮食型家庭农场平均种植规模在400亩以上。课题组对山东省新型种粮主体的调研也印证了这一调查，山东省新型种粮主体粮食种植平均规模在350亩以上。虽然每亩粮食收益并不高（2415元/亩）①，但新型种粮主

---

① 按一季小麦、一季玉米计算，小麦按亩产1200斤，玉米亩产1300斤，单价分别为1.2元/斤、0.75元/斤估算，每亩耕地一年粮食收益 = 1200 × 1.2 + 1300 × 0.75 = 2415（元）。350亩的种植规模，一年粮食收益为 350 × 2415 = 845250（元）。

体种植规模较大,粮食收益一般在 84 万元以上,总收益额较大,一般为家庭收入的主要来源。当然,新型种粮主体的投入也很大,除农业机械等大额固定投入外,短期成本中每亩租金(平均 800 元左右)、农资投入、用工费用、自有农机使用费(或农机服务费)基本在 2000 元左右,平均 350 亩的种植规模,就需要投入 70 万元左右。如此大的投入,新型种粮主体不单要承担较大的经营风险,更要进行严格的成本收益核算。同时,新型种粮主体也面临连片流转耕地难、季节性用工难、融资难等问题。因此,要减少固定投入,解决好用工难、融资难等问题,新型种粮主体就需要更多、更综合的服务。

(1)农机需求

在农业机械不断更新,且日益多样化的背景下,在人工成本不断增加,且人工田间劳作劳动效率低、监督难的情况下,新型种粮主体基本上一致反映,只要能够使用机械的环节尽量都是用机械,以替代人工劳动,新型种粮主体对农业机械的需求非常大。但农业机械,尤其是大型的、高效率的农业机械价格非常高,一般在 10 万元以上,如果每个经营主体均配齐,固定投入太高,且使用效率太低,也不现实。因此,在农机配置方面,有些新型种粮主体配有比较齐全的机械,有些配置部分机械,有些仅有一些小型的机械,还有些小型的家庭农场没有任何农业机械。因此,关于农机的服务需求,不同的新型种粮主体呈现不同的需求。①对于配置比较全的种粮主体,其种植规模一般也较大,除了使用自有农机,在抢种、抢收等农忙时节也需要部分农机服务;但同时自有农机效率比较高的种粮主体,也错时为其他农户提供农机服务。②对于农机配置不全的种粮主体,在其没有配置农机的环节,一般都需要农机服务,如深耕深松、精播、喷药、收割等。在其配有农机的环节,或因农机效率低或抢种、抢收时也可能需要农机服务。③对于没有配置农机的种粮主体,耕种收等环节一定需要农机服务,浇水、施肥、打药等农事,一般也需要机械服务。课题组调研发现,在这些环节,农机配套服务还不够完善,种粮主体雇用人工劳动的情况还比较普遍。总体来看,农机需求是新型种粮主体最大的需求,当然其使用的农机可能来自自购农机,也可能是他人提供的农机服务。

(2)用工需求

目前,在有些地区某些农业生产劳作仍需要人工,如浇水、施肥、打药等环节；还有部分农活虽然大量地使用了机械，但还需要人工辅助，比如粮食收割时，机械操作、其他人员辅助配合等。总体来看，新型种粮主体仍需要一定的雇工，尤其是季节性雇工，主要包括两种类型：一为有技能、有体力的年轻农机手；二为浇水、施肥、打药、脱粒、晾晒等不需过高技能或体力要求的一般劳动力，目前多为留守农村的老人或妇女。

（3）农资代买需求

由于新型种粮主体种植规模较大，对农资的需求量也比较大，故部分种粮主体需要一定的农资代买服务。其对该项服务的需求主要基于以下几个原因：①对农资质量要求高。由于种植规模大，一旦农资质量出现问题，导致的粮食损失额较大；而且粮食生长的特点决定了损失一旦发生，往往是不可逆、难挽回的。因此，新型种粮主体特别要求农资的质量有保障。一般直接与厂家或代理商联系的代买服务，在保障农资质量方面会让新型种粮主体吃上放心丸。②农资使用量大，即便单价优惠几个点，其优惠总额也不少。因此，从成本的角度考虑，新型种粮主体也需要代买或团购服务。课题组在调研中也发现，在家庭农场比较集中的乡镇，一些规模在 500 亩以下的家庭农场，多数会选择抱团购买农资。

（4）晾晒、储运、销售等需求

与普通农户另一个很大的不同就是，由于种植规模大、农业设施用地审批难、建设投入大，新型种粮主体普遍存在晾晒场地不充足、仓储条件差等难题。因此大部分新型种粮主体，尤其是在特殊天气需要粮食烘干服务、寄存或销售服务。

（5）综合性需求

综合性服务需求主要包括技术需求、资金需求、信息需求、保险需求。①技术需求。新型种粮主体在粮食种植中更强调经营收益，因此大部分种粮主体种植全程均需要技术，表现为需要通过技术提高产量（如高产品种）、减少投入（如测土配方、节水灌溉、精播技术）、改善管理效果（如统防统治、缓释肥、优质农药等）以及选用良种实现优质优价等。②资金需求。如上文所述，新型种粮主体粮食种植中需要大量的资金投入，大部分农户需要借贷资金，用以购置农业机械、扩大生产规模，尤其是用于季节性资金需要，如租金发放、农资购入、用工费用结算等。③信息需求。新型种粮主体更关注经济收益，因此与粮食种植有关的政策信息（尤其是补贴政策信息）、技术信息、价格信息、劳务信息等信息都比较需要，大多数农户也会主动关注。但有时一些政策信息、技术信息仅凭种粮者主动搜寻还难以满足需要；粮食价格信息则比较公开，但优质粮销售信息也需要一定的搜寻；用工信息则主要靠自己在附近村庄关注。④保险需求。粮食生产除了面对一定的市场风险，还要面对较大的自然风险，风险一旦发生，其影响通常不可逆且补救困难。而且由于种植规模大，风险发生后，总损失较大。新型种粮主体普遍需要农业保险，尤其是政策性农业保险。课题组调研中也发现，95%以上的家庭农场表示需要农业政策性保险。

总体来看，与普通农户相比新型种粮主体农业社会化服务需求呈现以下特点：①新型种粮主体除农机等方面的专项需求，也有资金、技术、信息、保险等综合性需求。②既有对某个生产环节的需求（如耕、种、收等环节），更有全程性生产服务的需求。新型种粮主体几乎每个生产环节都需要服务，或是机械类服务（耕、种、收等传统机械服务及打药等新型机械类服务），或是劳务类服务（浇水、施肥、打药、晾晒、脱粒等人工服务）。③服务方式要求更灵活、多样，如电话订单、微信订单、远程监控等。

2.3.3　新形势下农业社会化服务供需矛盾

虽然我国农业社会化服务服务主体多元化、服务模式多样化、服务内容多层次、服务形式灵活化的格局基本呈现。但与普通农户、新型种粮主体的需求相比，还存在一些矛盾，如总供给量不足，供给结构不合理、多样化需求难满足等。

1. 供给量存在缺口

首先，公益性服务供给总量不足。目前，除试点采用"政府向经营性服务组织购买公益性服务"的方式供给服务外，大部分公益性服务仍由公共服务机构或组织提供。但公共服务机构普遍存在人员老化、专业技术人员比例偏低，设备过时、服务能力不足等问题。70%左右的乡镇技术推广机构没有独立办公场所，90%没有试验示范基地，现代化的技术装备、监测设施、服务手段更是相对缺乏，导致公益性服务总量存在不足。

其次，经营性服务也供不应求。如新发展起来的专业合作社、专业技术协会、家庭农场等服务组织，服务设备也相对短缺，新型、大型服务设备不足，服务人员的服务能力、专业化水平不高，直接影响到服务的数量和质量。

2. 供给结构不合理

从供给内容来看，现有服务内容难以满足农户需求。以公共服务机构为主（如农技推广站、农机局、土肥站、植保站、气象局等机构）的农业社会化服务体系，往往仅能提供单项服务，如农技推广、肥料供应、植保、庄稼医院等服务，不能满足当前广大农户的综合性需求，尤其不能满足新型农业经营主体的需求，农业社会化服务供需结构不合理的问题比较突出。如新型种粮主体不单需要单项传统服务，还需要产业规划、品牌设计、市场信息、产品营销、金融服务、保险服务等综合性、个性化的服务；服务的内容不单涉及产中环节，现在逐渐向产前、产后延伸，农户需要全程性的服务。

从供给主体来看，现有服务组织难以提供满足农户需求的服务。公共服务组织提供相对单一的服务难以满足农户综合性服务需求。民间经营性服务组织是最主要的农业社会化服务主体，提供了除水利、交通等基础设施建设外的 60% 以上的服务。但即便如此，服务组织数量仍显不足。如全国有 1696 个乡镇没有金融机构，很多普通行政村更是没有任何金融网点，全国享受过贷款服务的农户仅有 20%；再如，商业保险公司虽然众多，但提供农业保险服务的机构并不多。缓解农业社会化供需矛盾，不仅需要供给总量的增加，更需要供需结构的匹配。

2.3.4 土地托管可适当弥补当前农业社会化服务存在的不足

土地托管是农业经营主体在不流转土地经营权的前提下，将农业产前农资供应，产中耕、种、防、收，产后烘干仓储、销售等全部或部分作业环节委托给农业生产性服务组织来完成的一种农业生产服务方式。

土地托管有单环节托管、多环节托管、关键环节综合托管和全程托管等多种托管模式，种粮主体可根据自己的需要选择不同的服务订单。土地托管有助于解决种粮主体农业社会化服务供给不足的问题。

一是有利于解决普通种粮农户因服务不足造成的粗放种粮、抛荒等问题，可较好地缓解保障粮食数量安全的压力。随着农村青壮年劳动力大量转移，农业劳动力逐渐呈现出老龄化、兼业化趋势，有的地区甚至出现了农业劳动力短缺现象，因此，农户在粮食种植过程中可能需要耕、种、收、防等多个环节的服务。由单个主体提供多项服务比找多个主体分别提供服务，交易成本要减少很多，且单个主体提供多项服务有利于作业效果的监督，可约束服务主体更好地提供服务。同时发展土地托管，可以通过服务组织的专业化服务将先进适用的品种、技术、装备、劳动力等要素导入农业生产，切实解决小农户分散经营带来的经营方式粗放、生产效率低下、耕地抛荒等问题，缓解保障粮食数量安全的压力。

二是有利于满足新型种粮主体多样化、综合性服务需求，提升新型种粮主体种粮积极性。新型种粮主体与普通种粮农户相比，生产性服务需求呈现多样化、综合性特点。比如，除有农机等方面的专项需求，也有资金、技术、信息、保险等综合性需求；既有对某个生产环节的需求（如耕、种、收等环节），更有全程性生产服务的需求；既包括机械类服务（耕、种、收等传统机械服务及打药等新型机械类服务），也包括劳务类服务（浇水、施肥、打药、晾晒等人工服务）。服务方式要求更灵活、多样。而现在的农业社会化服务体系虽然不断完善，但历史的原因导致其提供的服务更多针对传统农户，新型种粮主体的综合性、全程性、多样性服务要求目前还难以有效满足。土地托管服务内容涵盖从农资代购、代耕代种、浇水施肥、病虫害统防统治、收割、运输、烘干、储存、销售、加工等一体化的服务，服务组织可以针对农业生产的某个环节、多个环节、关键环节、所有环节提供不同的托管服务，新型种粮主体可根据自己需要选择适合的托管模式，而且托管费用的支付多为先付部分定金、季末统一结算的方式。土地托管可以很好地缓解新型种粮主体投资大（农业机械投入、服务费用支付等）、融资难、连片经营难、季节性用工难等问题，也可较好地解决其保险需求、技术需求、信息需求等需求不足的问题。

三是有利于绿色生产技术的综合推广应用，可推进绿色农业生产发展，有助于保障粮食质量安全与生态安全。农业绿色发展是一项长期战略任务。专业化的土地托管组织，技术装备先进，科学施肥、统防统治、秸秆回收利用等绿色生产技术的应用推广能力强，可以有效克服部分农户缺乏科学使用农资、绿色防控病虫害等先进技术的困难，实现"一控两减三基本"目标任务，促进农业绿色生产和可持续发展。

土地托管是农业社会化服务的有益补充，在为不同种粮主体提供服务的同时，可以很好地解决普通种粮农户粗放种粮、抛荒不种粮的问题；解决新型种粮主体投入大、耕地难连片、综合服务难满足等问题，从而有助于保障我国粮食安全。

第3章　土地托管相关理论研究

何为土地托管？本章将重点研究土地托管的概念，研究土地托管主要服务于哪些农作物、服务什么内容、采用何种形式、有哪些服务主体。并进一步探讨土地托管的运行机制，包括生成机制、维持机制、保障机制、变异机制等。最后，以典型省份为例简要介绍当前土地托管发展的现状，明晰土地托管发展模式及发展前景。

3.1　土地托管相关概念界定

土地托管服务最早以"土地托管"的名字出现在大家的视野中，之后也有"农业生产托管"之称，这主要源于不同领域对同一事物的称呼不同，也在于人们对其理解越来越深入、准确。为了更贴合"土地托管"为一项生产性服务的本质，本书有时又将其称为"土地托管服务"。

3.1.1　土地托管概念界定

土地托管起源于生产实践，兴起于山东、河南等地，是一种新兴的农业生产性服务形式。土地托管开展的前提是坚持土地的承包权、经营权、收益权不变。土地托管不改变农村土地集体所有权、农户土地承包权的性质；坚持土地的经营权不变，经营权可能为原承包农户所有，也可能为流转土地的流入方（如种粮大户、家庭农场、农业企业等）所有；坚持土地的收益权不变，拥有农业经营权的经营主体拥有收益权。土地托管的本质是一种服务，是需求者向供给者购买的有偿服务。实践中，土地托管是不愿耕种、无能力耕种的农户或者其他农业经营组织向土地托管服务组织购买的有偿服务，服务内容涵盖农资供应、耕种防收售储等全过程，具体的服务供给需求主体、服务作物、服务内容、服务形式等将在下文土地托管相关理论研究中做全面的阐述。

因此，本书借鉴已有文献研究，结合实地调研情况，将土地托管重新定义为：农户等经营主体在土地承包权、经营权、收益权不变的前提下，将产前、产中、产后等环节中的部分或全部事务委托给托管服务组织代为管理的一种农业生产性服务形式。托管组织按照农户的要求提供有偿服务，进行统一管理、统一耕作，最终土地的收益仍由拥有土地经营权的农户所有，提供托管服务的托管组织仅收取作业服务费、赚取农资购销差价和粮食销售差价。

3.1.2　土地托管相关理论研究

上文主要界定了什么是土地托管，在此基础上，还需要进一步明确土地托管的服务主体、服务内容、服务作物、服务形式等。

1. 土地托管服务主体

土地托管服务主体是托管过程的参与方，主要包括需求主体和供给主体。需求主体是指普通农户、种粮大户、家庭农场、龙头企业等需要土地托管服务的种粮主体，是土地托管的需求方和被服务方。供给主体主要是指为种粮主体提供托管服务的农业生产性服务组织，是土地托管的提供方和服务方。当前，提供土地托管的服务组织种类主要有各种不同主体类型的专业合作社（农机专业合作社、植保专业合作社、土地托管专业合作社、粮食种植专业合作社等），供销系统领办的为农服务中心①，土地托管公司，农业机械装备较齐全、规模较大、作业效率较高的家庭农场等。本书旨在研究土地托管保障粮食安全的机理与效果，不再具体区分需求主体和供给主体类型，根据调研数据统一处理。

---

① 为农服务中心是以市、县（区）供销社为投资运营主体，以供销社有控制力的农资公司、农业服务公司、基层社等为依托，联合乡镇农民合作社联合社，引导农民自愿出资入股参与建设运营，并完成相关注册登记的公司制经济组织（独立法人）。供销社为投资运营主体，是指供销社投入资金占工商注册登记资本金的34%及以上。

2. 土地托管服务作物

服务作物是指为农户提供托管服务针对的作物类型，即托管对象。土地托管服务主要针对大田作物，尤其是粮食作物展开。考虑到机械化程度、作业技术、经济成本、农户需求等多方面因素，当前，土地托管开展的服务作物主要为小麦和玉米，其次为水稻作物。此外，各地托管组织根据自身发展情况，逐步扩展服务范围，棉花、马铃薯、花生等非粮食类大田作物，大蒜瓜菜、果品等经济作物均成为土地托管服务的托管对象，但数量仍较少。考虑到当前托管作物主要以小麦为主，且自身受调研经费、个人能力等多方面客观因素限制，本书将以北方地区主要口粮作物小麦为例，研究土地托管保障粮食安全的效果。

3. 土地托管服务内容

土地托管涵盖粮食生产的产前、产中、产后各个环节服务，内容广泛。其中，产前环节的服务内容，主要包括良种供应和农药、化肥等农资供应。托管组织与农资生产企业直接签订合同，大批量购进农资，在供销商价格的基础上适当加价销售给农户，这样既保障了农资供应质量，也降低了农资供应价格（一般比低于经销商价格）。产中环节的服务内容包括从耕、种、浇水、施肥、除草、打药、收割等各个环节的作业服务，具体可以概括为：代耕代种服务（深耕深松、种肥同播等）、病虫草害服务（统防统治等）、灌溉服务（节水灌溉、小龙水浇灌等）、施肥服务（测土配肥）、统一收割服务（联合收割、秸秆还田等）。产后环节主要涉及机械烘干服务、代储代售服务等。

4. 土地托管服务形式

土地托管服务分为全托管服务和半托管服务两种形式。全托管服务是托管组织为农户提供产前良种、化肥、农药等农资供应服务，产中耕、种、收等机械化服务和浇水、施肥、病虫草害防治等田间管理服务，以及产后烘干、仓储、销售服务等全程一体化服务，并对全部生产过程进行"打包"收取托管费用的服务形式。半托管服务是农户根据自身需求，选择托管组织提供的农资供应、耕种管收、晾晒、仓储、销售等环节中的一个或几个环节服务，并照单支付服务费用的服务形式。

49

两种服务形式下，耕地经营权、收益权均为农户所有，服务价格均低于市场价格，满足了农户的不同服务需求。

3.2　土地托管运行机制理论研究

　　除解释什么是土地托管、土地托管服务作物、服务内容、服务主体、服务形式外，还要进一步明确土地托管得以产生与发展的内在机理及其运行机制，本部分将进一步阐述土地托管的运行机制，主要包括：土地托管生成机制、维持机制、保障机制与变异机制。其中，前三个机制均是正向保障土地托管服务的机制；变异机制则属于负向机制，会带来机制的改进或终结（见图3－1）。

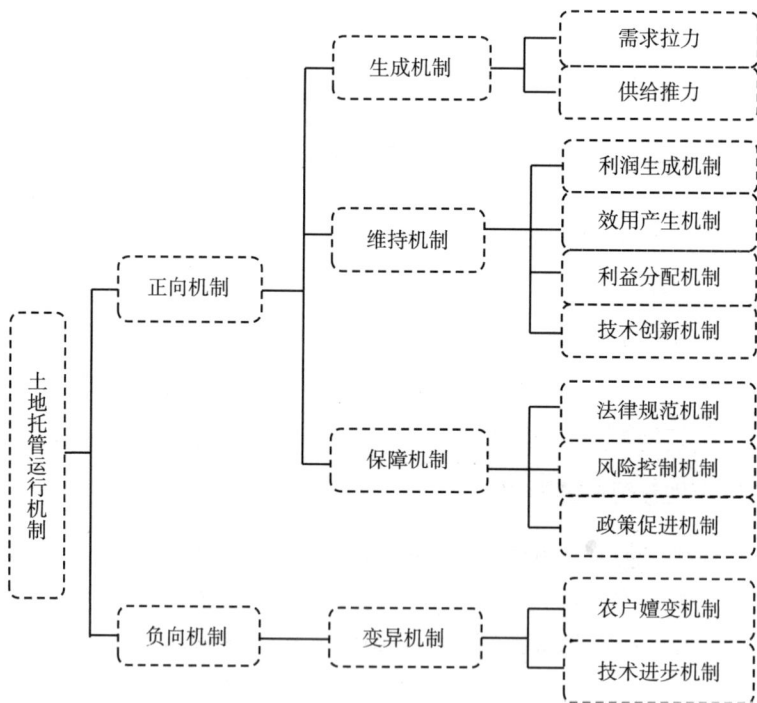

图3－1　土地托管服务运行机制

3.2.1 土地托管生成机制

土地托管服务的产生，既有需求方的拉力，又有供给方提供服务的推力。

1. 需求的拉力

一项服务要有市场，必然要有需求的拉动。我国正处于快速城镇化、工业化进程中，由此带来农村青壮年劳动力大量转移到非农产业，农业的兼业化、老龄化现象不断严重，这就导致大量的耕地或被无奈种植或粗放种植或直接撂荒。要解决这种"种不好地""种不了地"的问题，一方面要流转耕地，由专业的经营主体大规模种植，另一方面仍由普通农户来耕种。目前我国土地流转速度非常快，全国 1/3 左右的土地被流转，实现了规模化种植。如前文所述这些规模化种植的新型种粮主体需要相应的土地托管服务。若仍由普通农户来种，则更需要他人或组织为其提供相应的服务。新型种粮主体和普通种粮农户对农业生产性服务的需求，诱使土地托管服务的产生①。

2. 供给的推动

土地托管服务的产生必须有相应的组织能够并且愿意提供该项服务。首先，我国有大量的农业生产性服务组织，可以提供土地托管服务。截至 2016 年 10 月底，全国依法登记的农民合作社 174.9 万家，产业分布广泛，其中种植业约占 53%，服务业占 8%，这些合作社都可以提供粮食生产的某一项、多项甚至全程的服务。如农机合作社可以提供耕种收等机械类服务；植保合作社可以提供病虫草害防治服务；种植类合作社可以提供农资供应（尤其是良种）、销售、产中技术性的服务等；专业托管合作社可以提供全程的服务等。再如，我国有体系完整的供销社系统，该系统一直秉承为农服务的宗旨，其中土地托管服务便是其为农服务的一个切入点。其次，这些服务类组织也愿意提供土地托管服务。从成本和风险的角度来讲，土地托管服务比土地流转具有较大的

---

① 土地托管服务需求在前文中多次阐述，在此不再赘述。

优势。一方面不需要支付大量的土地流转费用（还可以预收部分服务定金），另一方面不需要独立承担可能产生的经营风险，仅收取托管费用，收益相对稳定。因此，很多组织能够也愿意提供该项服务①。

3.2.2 土地托管维持机制

一项服务得以出现既要有需求的催生，又要有供给者对产品的提供。但该服务要得以长期维持，则必须能够让消费者得到满足、能够让生产者获得利润，并要有良好的利润分配机制与技术创新机制。维持机制便是土地托管组织运行机制的核心，包括利润生成机制、效用产生机制、利益分配机制与技术创新机制。

利润生成机制主要保证土地托管组织利润生成及资金循环；效用产生机制主要满足土地托管需求组织或个人需要，为土地托管服务持续供给提供原动力；利益分配机制主要功能为利润分配、组织的再发展和再扩大；技术创新机制又称动力机制，这一机制主要功能为土地托管组织创造价值提供持续动力，维持价值的同时使组织长期稳定发展。

1. 利润生成机制

利润生成机制是土地托管组织提供托管服务的动力机制。土地托管服务可以产生利润，其根本在于通过大规模服务，降低平均成本，从而可以吸纳更多的农户购买服务，其利润来源既有农资购销差价，又有作业服务费、产品销售差价等。

（1）规模化服务带来平均成本的降低

土地托管服务得以产生的根本就是规模化，通过大规模服务，更好地推动粮食产业的机械化、标准化、科学化、优质化、产业化发展，通过服务规模的扩大提高生产效率、降低单位产品成本。以山东省供销社系统领办的为农服务中心为例，该服务中心构建"3 公里"为半径的土地托管服务圈，截至 2016 年 9 月，全省已建成为农服务中心 855 处，仅供销系统托管面积就达 2056 万亩（占山东耕地面积的 18%，占基本

---

① 土地托管服务供给在前文中多次阐述，在此不再赘述。

农田的 20.6%）[1]，平均每个为农服务中心大概托管耕地 1 万 ~ 2 万亩（辐射面积 3 万 ~ 5 万亩）[2]。

　　土地托管组织是如何实现连片规模化服务的？土地托管的服务对象，一是普通种粮农户，二是新型种粮主体。后者种植规模一般较大，每块耕地的面积一般在几十亩以上，可以实现一定的连片规模经营。普通种粮农户本身种植规模较小（低于 50 亩），又由于承包耕地地块较多，单个分散地块的面积就更小，为这些农户提供土地托管服务如何实现连片规模化经营？实践中，土地托管组织一般针对非农务工 60% 以上的村庄开展服务，由村两委（或核心村民）组织相邻地块的农户统一时间进行耕、种、收、田间管理等田间作业服务；对于一些长期需要土地托管服务或者需要全托管服务的农户，一般由个人或村两委负责地块互换，从而达到至少几十亩以上的连片规模化服务。

　　服务规模化是除土地规模化之外，实现规模化经营的又一途径。服务规模化是如何带来平均服务成本降低，实现规模经济的？平均成本的降低又如何为土地托管服务组织带来更大的利润？

　　①规模化经营降低了机械平均使用成本。一是规模化服务带来机械使用效率的提高。土地连片进行耕、种、收、管等土地托管服务，可减少机械在路上、田间的时间损耗，增加农机有效工作时间，机械使用效率明显提高。以汶上县义桥为农服务中心为例，土地托管后旋地机、收割机等大型农业机械使用效率比非连片耕作的机械提高了 40% ~ 50%，合作社整合的农机户经济效益也比非连片经营前提高了 30% 以上。同时，土地托管服务也提高了水电设施的使用效率。如鱼台县某村，托管前农户分散进行灌溉，全村 1000 多亩耕地，农户需要自购 150 多台水泵，3 万余米龙带。托管后，由于统一灌溉仅需要 20 多台水泵，2000 ~ 3000 米龙带，水电设施的利用率大幅提高。

　　二是规模化服务带来机械使用成本的降低。土地托管后，连片进行耕、种、管、收不单增加了机械有效工作时间，也降低了机械单位油耗，大幅降低农业机械平均使用成本。首先是农机在路上、地头的损耗

---

① 唐园结、于洪光、吕兵兵：《打造一支为农服务"国家队"》，2017 年 7 月 20 日，http：//www. yc222. com/news - id - 4093. html。

② 《山东省供销合作社综合改革试点资料汇编：农业服务规模化创新工程篇》，山东省供销合作社联合社 2015 年版。

降低，仅油料成本就大概降低30%。同时，规模化服务也改变了农户分散使用如机井、水泵等小型水电设施的局面。如曲阜市某村共有机井80眼，农户自购水泵450多台。每年灌溉的高峰期，多台水泵齐上阵，平均每眼机井下2台水泵，机井超负荷运转，加速了机井老化。土地托管后，该村耕地由托管员统一安排灌溉，仅动用100余台水泵，水电设施使用成本大幅降低（见图3-2）。

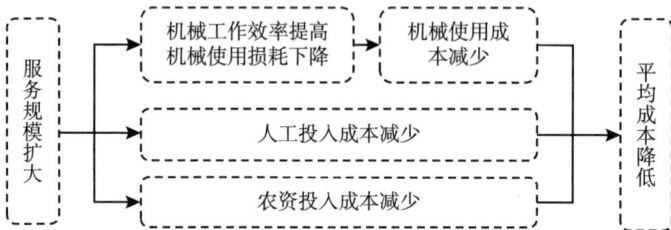

机械工作效率提高
机械使用损耗下降 → 机械使用成本减少

服务规模扩大 → 人工投入成本减少 → 平均成本降低

农资投入成本减少

图3-2　服务规模化带来平均成本降低的理论框架

三是规模化服务有利于新型、大型农业机械的使用。一些新型、大型的农业机械通常作业效率更高、作业效果更好，但必须在连片大面积的农田上使用。规模化服务便有利于这些机械设备的购置与使用。虽然这类机械购置成本较高，但因其工作效率非常高，其单位面积使用成本反而有可能降低。

②规模化经营降低了人工投入成本。服务规模化使劳动效率提高，劳动平均成本降低。土地托管以后，由专业人员操作农机，1人一般管理300~500亩，最高1人可管理800亩。以浇水为例，2人负责两台浇水机械（一台浇水机械需要配置2人，但两台机械可同时运行，即2人负责两台设备），2人一天大概可以灌溉300亩。而人工+机井+龙带漫灌，2人一天平均灌溉8~10亩。土地托管后劳动效率明显提高，由此使平均劳动成本大幅度降低。

③规模化经营减少了农资投入成本。一方面，规模化服务以后，可以使用先进的农业机械、农业生产技术，农资使用量减少。如玉米采用宽幅精播以后，每亩种子使用量可减少3公斤以上；采用测土配方、智能配肥可减少化肥用量5公斤以上；病虫草害统防统治，可减少农药用量30%。另一方面，规模化经营以后，统一采购农资，农资价格下降10%~20%。如汶上县供销社和烟台市农业生产资料总公司合资成立济

宁市烟农农业服务有限公司，统一采购农资，成本降低 20%[①]。农资使用量的减少和农资价格的降低共同助推单位面积农资投入成本下降。

④平均成本的降低，为土地托管组织降低服务价格、扩展更大市场腾出空间。服务规模化带来机械使用成本、人工投入成本、农资投入成本的降低，从而有利于土地托管组织降低作业服务价格、农资价格，较低的价格可为土地托管组织扩展更大的市场，带来更大的利润。

（2）土地托管组织利润来源

土地托管组织的利润来源于以下几个方面：农资购销差价收入、作业服务费、粮食烘干储存费、粮食购销差价收入等（见图 3 - 3）。

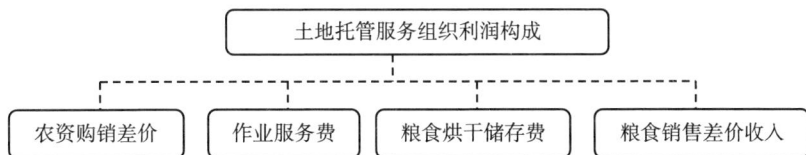

图 3 - 3 土地托管服务组织利润构成

①农资购销差价收入。农资供应是土地托管组织的服务内容之一，农资购销差价便是其主要收入来源。尤其相对于规模较小的农资经销商，服务规模化以后，农资需求量很大，托管组织通常与农资厂家直接联系，按出厂价大量购入农资，该价格通常低于一般经销商的进货价格。因此土地托管组织即使加一个和一般经销商同样的差价后仍具有价格优势，更有利于扩大销售市场，农资的购销差价收入是土地托管组织主要收入来源之一。

②作业服务费。提供粮食生产耕种收及田间管理等各环节的作业服务是土地托管组织的核心业务，也是土地托管组织最主要的收入来源。如上面所述，由于规模化服务使土地托管组织在农业机械平均使用成本、人力投入成本上都相对较低，因此土地托管组织作业服务价格相对小规模服务组织较低，土地托管组织提供的作业服务具有天然的价格优势，市场空间较大，作业服务费成为土地托管组织的主要收入来源。

③粮食烘干储存费。土地托管组织另一项业务是主要为规模化种植

---

① 《山东省供销合作社综合改革试点工作资料汇编：经验篇》，山东省供销合作社联合社 2016 年版。

的新型种粮主体提供粮食烘干储存服务。由于烘干设备投资较大（至少在 50 万元以上），通常只有规模较大的托管组织才配有烘干塔，如为农服务中心和一些大型的土地托管合作社。目前烘干业务主要针对玉米、小麦开展，服务的对象主要是存在晾晒困难的新型种粮主体，烘干费用一般为每斤 0.01 ~ 0.02 元。通常烘干以后，这些托管组织提供储存服务（另行收费），或者直接购入烘干后的玉米。烘干储存费也是提供该项服务的土地托管组织的收入来源之一。

④粮食销售差价收入。大部分土地托管组织与用粮企业或种子公司签订订单，帮助这些企业培育、种植种子或优质商品粮。土地托管组织通常以高于市场同类普通粮食 0.15 元/斤的价格收购粮种或优质商品粮，然后再卖给种子公司或用粮企业，这期间的购销差价便构成了土地托管组织的又一利润来源。

2. 效用产生机制

一项服务只有让消费者获得效用（或满足），才具有持续存在的原动力。土地托管服务市场之所以不断扩大，其主要原因是土地托管服务能够让普通种粮农户和新型种粮主体获得满足。其获取的效用主要包括以下方面：

（1）较低的作业服务价格与农资投入成本

吸引普通种粮农户和新型种粮主体选择土地托管服务的主要原因便是相对其他组织提供的同类服务，土地托管服务具有明显的价格优势。其优势表现为较低的作业服务价格和较低的农资投入成本。

①较低的作业服务价格。土地托管组织由于大规模地进行服务（比如耕种收、田间管理），其机械使用成本和人工投入成本相对于小规模的服务组织都较低，因此土地托管组织可以以相对较低的价格向普通农户和新型种粮主体提供同类服务。而且土地托管组织由于服务规模较大，可以购置一些大型的机械，其作业效果也更好。以小麦为例，耕地服务土地托管组织一般收费 55 元/亩，市场普通价格为 70 元/亩；种肥同播，土地托管组织收费 65 元/亩，市场价格 75 元/亩；收割服务，土地托管组织一般收费 55 元/亩，市场普通价格为 65 元/亩[①]。且大型、

---

① 《山东省供销合作社综合改革试点工作资料汇编：经验篇》，山东省供销合作社联合社 2016 年版。

新型设备的作业效果通常较好。因此，在价格低和服务质量好的双重优势下，普通种粮农户和新型种粮主体一般愿意选择土地托管服务。

②较低的农资投入成本。一方面，农资价格相对较低。如前文所述，由于服务规模较大，土地托管组织可以以较低的出厂价格购入农资，然后再加一定的金额销售给普通农户或新型种粮主体。由于进货成本较低，该销售价格通常比一般的经销商低很多。以曲阜市为例，曲阜市供销社与双联农资公司合作，全面实施化肥直供，供销社每袋化肥以低于市场价 10 元的价格提供给托管农户。另一方面，土地托管以后，由于科学化种植，农资使用量也大幅减少。如宽幅精播技术可减少种子使用量、测土配方技术可以减少化肥投入量、统防统治作业可以减少农药使用量等。托管以后，普通农户和新型种粮主体因农资单价的降低和使用量的减少，农资投入成本较托管前减少。

（2）粮食增产、提质与增效、增收

①粮食产量增加。土地托管以后，由于粮食生产规模化、标准化、科学化种植水平不断提高，粮食单产会大幅提高。以汶上县为例，2017 年供销社托管的小麦平均亩产 620 公斤，比该县平均亩产 518 公斤增产 102 公斤，增产率 19.7%。再如，鱼台县同乐谷物种植合作社，托管耕地水稻产量达 658 公斤/亩，高于该县平均亩产（562 公斤）17.1%。尤其是对于原来粗放种粮的普通农户，土地托管后，其粮食产量更是大幅增长。参加土地托管的很多普通农户，多数原来可能因为没有时间、没有充足的体力或不愿意从事农业生产，导致自己农田粗放经营，粮食产量通常低于当地平均产量。这些农户参加土地托管后，粮食产量相对之前自己种植会有大幅增加，这也是粗放种粮农户参加土地托管最主要的原因之一。

②粮食质量、品质提升。一是粮食质量得到改善。土地托管以后，由于统一测土配方、统一喷施农药，化肥、农药使用效率明显提高、使用量也大幅减少，粮食因滥用农业投入品而产生的质量下降现象有较大改善，粮食质量得到提升。二是粮食品质得到提升。普通农户一般由于对优质粮的品种不了解、优质粮田间管理要求高、小面积种植难以销售等问题而拒绝种植优质粮。但土地托管以后，大部分托管粮田统一选种良种。以汶上县为例，大部分选择耕种服务的农户，使用的粮种多是由土地托管组织推荐或供应的优质品种。在土地托管组织统一指导或管理

57

下，优质商品粮土、肥、水等田间管理难的问题也能得到较好解决，普通农户优质商品粮的种植面积也不断增加。新型种粮主体一般会主动选择种优质品种，但土地托管服务也可以帮助其解决田间管理问题和销售问题。

③粮食售价提高。一方面，统一品种粮食售价较高。土地托管组织在农资供应环节提供服务，能够统一粮种。另外，土地托管组织一般与用粮企业建立联系，收购统一品种的粮食直接卖给种粮企业，既省去很多中间环节，又由于品种统一，粮食售价会比农户直接将粮食卖给粮食经销商高 0.02 ~ 0.03 元/斤。如曲阜市，乡镇基层供销社与康利源面粉有限公司合作，基层供销社在自己托管的耕地上种植企业需要的小麦品种，种子由企业统一供应，专业合作社收割后，由企业统一收购，收购的小麦价格比市场价格高 0.05 元/斤，去掉基层社提取的 0.02 元/斤的综合服务费，农户每斤小麦还可以获得 0.03 元价差。

另一方面，粮食品质提升使粮食价格更高。土地托管服务不仅解决了优质粮种植中品种选择、田间管理等问题，更是解决了小面积种植农户优质粮难销售的问题。很多普通农户或规模相对较小的新型种粮主体除了品种选择难、田间管理难等原因拒绝种植优质粮外，最主要的原因是种植面小、总产量少，难以将优质粮直接卖给用粮企业（交易成本太高），最终不得已按普通品质的粮食价格将优质粮销售给一般粮食经销商，优质难以实现优价。土地托管解决了优质粮的销售问题，实现了优质粮的优质优价（优质粮食一般比同类普通粮食价格高 0.15 ~ 0.20 元/斤），从而也吸引更多的农户选择种植优质粮以获取更多的粮食收益。

（3）可腾出更多时间或节省更多的资金从事其他事务

土地托管服务不仅可以通过较低的投入、较高的产量和售价为普通种粮农户和新型种粮主体带来更高的粮食收益，还可以为兼业种粮农户腾出较多的时间从事其他事务、为新型种粮主体节省固定资产投入费用，并可以助推农业企业建设自己的生产基地。作用机理将在3.4节中详细阐述，在此不再赘述。土地托管服务给服务需求主体带来的效用如图3-4所示。

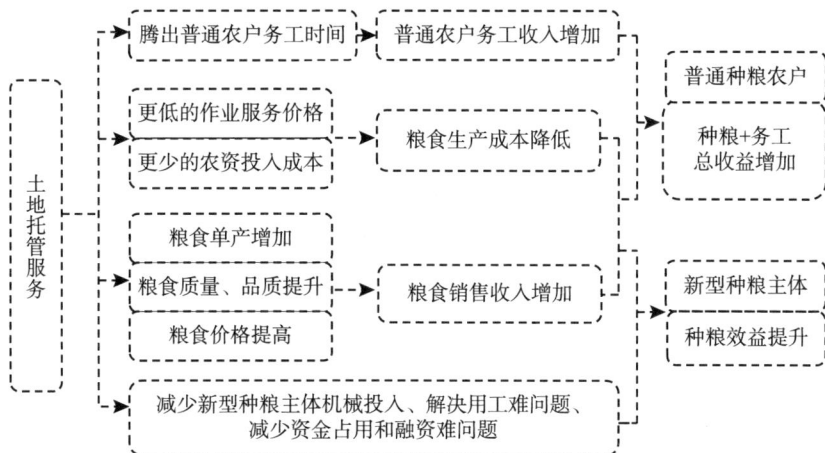

图 3 - 4　土地托管服务效用生成机制

3. 利益分配机制

　　土地托管服务不单要有良好的利润生成机制，更要有合理的利益分配机制，"不患寡，而患不均"充分体现了利益分配机制的重要性。土地托管服务的利益分配机制主要涉及两个方面：一是农户（普通种粮农户＋新型种粮主体）与托管供给主体之间的利益分配；二是组织内部的利益分配。

　　（1）农户与托管供给主体之间的利益分配

　　土地托管供给主体与农户之间的利益分配方式充分体现了"让利于民"这一原则。土地托管组织只收取农户托管服务费，且这服务费一般也低于市场价格。此外，土地托管组织以低于市场的价格为农户提供种子、化肥、农药等农资服务，以高于市场的价格代收代售粮食，进一步"让利于民"。在粮食收益方面，土地托管供需两方通过签订托管合同，根据往年同期收入确定保底粮食产量，保障农户等托管服务需求者的最低收益。同时，国家发放的粮食补贴也归农户所有。在农户与土地托管组织之间，这种"让利于民"的利益分配机制可以使土地托管服务得到更多农户的青睐，并使土地托管组织得到长期稳定健康的发展。

　　（2）组织内部的利益分配

　　土地托管组织内部的利益分配与现今大多数企业相仿，即在组织初创期及扩张期，组织所得利益在支付其他费用后，剩余部分中，一部分用作组织扩张或更新设备等，另一部分用于进行股东分红；当组织进入成熟期，组织内部便制定出明确的规章制度，这些规章一般规定组织利益在缴存公积金及缴纳相关税费后，按照固定比例进行分配，使股东享受到资本增值的好处。

4. 技术创新机制

土地托管组织的利润生成机制、效用生成机制、利益分配机制可以使托管组织创造并分配价值，并在托管组织内部找到一个内部均衡点，从而使其稳定运行。而技术创新机制则能使托管组织创造出更大价值，如提供更优服务或提高运作效率等，从而使组织与外部环境相适应，并给予土地托管组织动力，具体来说，土地托管组织的技术创新机制一般分为三个方面：内部创新、外部创新及政府引导。

内部创新是指土地托管组织内部拥有的农业技术专家队自身的创新，专家队除了指导农业生产外，还要研究学习最新的农业技术技能、引进高效的农业机械。土地托管组织在每年的预算中，总要划拨一定比例的费用以支持组织的技术创新工作，以保持组织内部技术更新的活力。

外部创新是指土地托管组织定期聘请全国知名的农业专家为员工及农户提供培训服务，并向这些专家咨询最新的农业动态方向及农业技术水平。土地托管组织经常以此为契机，引进先进设备、先进管理方法或汲取专家建议改进组织架构。与此同时，托管组织积极参加本地有关农业的讲座、论坛及报告会，从而对组织进行创新。

我国是农业大国，农业问题一直是我国的突出问题。党中央每年都会高度重视"三农"问题，并不断出台相关文件引导我国的农业发展。每当国家推广新兴农业技术或农业机械时，土地托管组织往往可以最先受到政府支持，从而实现组织的技术创新。

3.2.3 土地托管保障机制

保障机制是指为了保障组织工作顺利进行而引入第三方的机制，根据托管组织工作情况，主要分为法律规范机制、风险控制机制和政策促进机制。

1. 法律规范机制

土地托管服务的法律规范机制是保障机制的重要组成部分。具体来讲，主要涉及三个方面：法律保障、契约保障及章程保障。法律保障可以保障土地托管服务的开展受法律保护，可以依靠法律途径维护托管组织的正当权益；契约保障可以保障土地托管供需主体双方平等、自愿、互利进行交易，双方权益不受侵害；章程保障是组织内部各项工作的原则及规范，可以保障组织正常运营。这三方面保障构成了土地托管服务的法律规范机制。

（1）法律保障

土地托管组织的法律保障以《宪法》为根本，以《中华人民共和国农业法》为准绳，以《中华人民共和国农民专业合作社法》为依据，对土地托管组织提供全面的保护。一般意义上，法律保障是土地托管组织最根本的保障机制，是其他保障的基础。然而，在我国现有的法律法规中，还没有专门针对"土地托管服务"的法律规范。"土地托管"最早出现在 2014 年中央"一号文件"《关于全面深化农村改革加快推进农业现代化的若干意见》中，文件中提到"大力发展主体多元、形式多样、竞争充分的社会化服务，推行合作式、订单式、托管式等服务模式，扩大农业生产全程社会化服务试点范围"。2016 年中央"一号文件"《关于落实发展新理念加快农业现代化实现全面小康目标的若干意见》提到"支持多种类型的新型农业服务主体开展代耕代种、联耕联种、土地托管等专业化规模化服务"。2017 年，中央"一号文件"《关于深入推进农业供给侧结构性改革，加快培育农业农村发展新动能的若干意见》提到"大力培育新型农业经营主体和服务主体，通过经营权流转、股份合作、代耕代种、土地托管等多种方式，加快发展土地流转型、服务带动型等多种形式规模经营"。与此同时，2017 年 6 月，农业部、财政部联合下发《农业部办公厅　财政部办公厅关于支持农业生产社会化服务工作的通知》，提到"以支持农业生产托管为重点，推进服务带动型规模经营"；同年 8 月，在农业部、国家发改委、财政部联合下发的《关于加快发展农业生产性服务业的指导意见》的文件中，特别指出"大力推广农业生产托管"。同年 9 月，农业部下发《农业部办公厅关于大力推进农业生产托管的指导意见》，用以指导并规范土地托管服务的发展。由此，政府指导土地托管服务发展的文件越来越多、越来越有针对性。

（2）契约保障

土地托管服务供需主体达成合作意向后，双方会签订正式的托管服务合同，合同的签订对土地托管服务供需双方都是保障权益的需要。土地托管组织会详细地将各自的权益保障条款写入契约合同，这一措施可以减少双方不必要的纠纷并有效降低服务风险。如部分地区的土地托管组织在合约中明确指出，当粮食在农忙时节因天气恶劣等原因无法种植或收割时，托管需求方有义务帮助土地托管组织种植或收割。这一条款既可以有效保护双方利益不受侵害，又避免了纠纷，有效降低了风险。总体上，契约保障程度与契约详尽程度成正比。如山东供销系统提供土地托管服务，针对不同托管服务形式制定了不同的合同示范文本。合同示范文本中就托管目标达成情况、服务内容情况、服务方式情况、供需双方权利义务情况、服务费用支付情况、违约责任情况以及协议变更和解除情况及其他事宜均作出了详细规定。各地可根据自身情况参照该示范文本，订立符合本地的托管服务合同，保障服务双方的利益不受侵害。

（3）章程保障

规范的章程是员工行为的根本准则。一般而言，组织的章程内容比较详细，大到组织的目标、架构，小到组织的出勤、绩效等，均制定了详细规范。一份科学、明确、规范的章程，可使托管组织的运行效率得到极大提升，从而使托管组织获得更为可观的收益。章程保障是土地托管组织正常运行不可或缺的一部分。目前，大部分的土地托管组织，如供销系统领办的为农服务中心、专业合作社、土地托管公司等均制定了自己的章程规范。

2. 风险控制机制

创造社会财富的同时，往往会伴随着风险的产生。土地托管服务也不例外，在创造价值的同时，也面临着诸多风险，所以风险控制机制必不可少。具体来说，土地托管组织主要面临两方面的风险，即资金风险和经营风险。

（1）资金风险

资金流动贯穿组织服务的全过程，一旦资金链断裂，将对组织造成极大风险，这对土地托管组织也不例外。土地托管组织为了方便机械化作业，往往需要进行大规模的田间整理。为了更好地输出自身服务，往往需要购买更多先进农业机械化设备。这些都对托管组织的资金提出了较大要求，若土地托管组织的资金需求难以满足，土地托管组织将面临难以持续经营的风险。

土地托管组织为了应对资金风险，可以采取以下两个方式：一是通过稳定现金流来满足资金需求，继而运用流动资金进行设备更新和田间整理等工作，在完成这些工作后，土地托管组织的服务能力得到大幅提升，从而可以获得更加稳定的现金流，形成良性循环。土地托管组织的稳定现金流主要来源有代收代售粮食收益、土地托管作业服务收益、购买农资差价收益、粮食烘干储存收益等，通过这些稳定的资金来源，可以极大地缓解托管组织的资金风险。二是通过政策支持来应对资金风险，由于土地托管组织在田间整理作业方面对农户具有较大的正向外部性，所以当地政府必然会对组织服务提供支持，同时也会为土地托管组织提供诸如融资贷款之类的资金扶持。通过稳定现金流和政策支持，土地托管组织可以分散部分资金风险。

（2）经营风险

经营风险是指土地托管组织提供托管服务，由于遭受不可抗力等因素使组织遭受损失的风险。如在农忙时节，土地托管组织因天气恶劣等原因而不能进行机械化种植，从而造成粮食减产。面对经营风险，土地托管组织分散风险方式主要有两种：一是统分结合，二是契约保障。统分结合是一种托管组织负责"统"，农户负责"分"的双层经营体制，该经营体制最大的优势在于具有分工及专业化的同时，还能分散经营风险。如以上情形，在农忙时节托管组织由于天气原因无法机械作业时，土地托管组织便可发挥"分"的优势，让农户义务作业，这一体制为托管双方化解了部分经营风险。契约保障在前文"法律规范机制"中进行过阐述，在此不予赘述。契约的签订，在规范双方行为的同时，也对土地托管组织所面临的经营风险起到了很好的保障作用。

3. 政策促进机制

政策对我国农业影响深远，农业政策的任何调整都会对农户及服务组织产生显著影响。目前,在我国鼓励农业制度创新、鼓励农业适度规模化经营、鼓励发展现代农业的政策背景下,土地托管组织的政策促进机制主要表现为两个方面:一是资金支持;二是税收优惠。这两方面共同发挥政策促进作用,鼓励土地托管组织稳步发展。

资金支持方面,主要表现为当地政府为鼓励发展现代农业,对土地托管组织给予资金贷款及财政补贴,从而有效解决土地托管组织广泛存在的资金问题。对于土地托管组织来说,政府的支持是促进其发展的重要保障;税收优惠方面,政府为鼓励土地托管组织发展,在部分地区对土地托管组织给予税收优惠,以支持其发展。同时,2007 年颁布的《中华人民共和国农民专业合作社法》明确提出对土地托管专业合作社给予税收优惠,以促进其发展。2017 年以来针对土地托管服务发展出台的专项文件也对土地托管服务发展起到了很好的支持与保障作用。

3.2.4 土地托管变异机制

变异机制,是土地托管服务运行机制的改变或终结。变异机制与生成机制、维持机制、保障机制不同,是土地托管服务运行机制的负向机制。根据土地托管服务推进情况,将变异机制分为两个部分,即农户嬗变机制和技术进步机制。

1. 农户嬗变机制

农户嬗变机制是由于农户的需求改变使土地托管服务失去市场,导致终结。农户对土地托管服务的需求是土地托管组织存在的前提,同时也是生成机制的核心。农户需求一旦改变,土地托管服务便会走向终结。如前文所述,影响农户需求的因素很多。如土地流转逐步提高土地租金,该租金若高于土地托管所带来的收益,那么基于"理性人"假设,土地流转就会成为农户的选择,这便会使土地托管逐渐失去普通种粮农户这一市场;再如农户的恋土情结或土地的社会保障功能减弱后,土地托管服务相对土地流转所具有的优势便不复存在,土地流转也有可能成为普通种粮农户的首选。主客观因素的改变,使农户产生对土地托管服务需求的改变,从而导致土地托管服务的改变,此为农户嬗变机制的作用原理。

2. 技术进步机制

技术进步机制与土地托管服务维持机制中的技术创新机制互为对冲。技术创新机制是土地托管服务组织自身寻求技术创新及进步，而技术进步机制则不受土地托管服务组织主观影响，由社会发展所决定，代表了社会的技术进步。技术进步机制的作用原理为：当组织内部技术创新机制成果领先于社会先进农业技术时，土地托管组织将得到极大发展，并获得高于市场平均利润水平的回报；当组织内部技术创新机制成果与社会先进技术水平持平时，土地托管组织可以稳步持续发展，利润水平与社会平均利润水平相近；当组织内部技术创新机制成果落后于社会先进技术水平时，土地托管组织便逐步遭到终结并被社会所淘汰，二者差距与淘汰速度成正比。

未来关于农业领域的技术发展是朝着作物产量更高、更多样化、更便捷、质量更优、农业机械更高效、更智能的方向发展，这对土地托管服务组织来说是机遇也是挑战。机遇在于，如果土地托管组织能够紧跟步伐，及时应用领先的技术成果，那么必然可以获得更高的利润空间并输出更好的服务；挑战在于，土地托管服务可能会被其他更高效率的组织所淘汰。当然，未来技术的进步若朝着我们期许的方向发展，且土地托管的内部技术创新机制可以及时跟进，那么土地托管服务组织便会拥有更高的效率及服务能力，其在保障粮食安全方面可扮演更为重要的角色。

第4章 土地托管保障粮食安全的机理分析

我国种粮主体可分为普通种粮农户和新型种粮主体，如前文所述，这些种粮主体在粮食种植中均面临一些问题，如以粮为辅普通农户种粮积极性低，导致或粗放种粮或抛荒不种粮；种粮大户、家庭农场等新型种粮主体流转耕地成本高、农业机械投入大、季节性用工逐渐困难、融资难、非粮化倾向明显等；龙头企业粮食生产基地建设困难。这些问题的存在均在一定程度上影响到我国粮食安全，而土地托管服务助推以上问题的解决，是保障我国粮食安全的又一补充途径。

4.1 土地托管有助于提升以粮为辅的普通农户的种粮积极性

以粮为辅普通农户可以将自己拥有的劳动、资本、土地等生产要素配置到粮食生产、经济作物种植中，也可以用来打工、经商或照顾家庭。因此，以粮为辅的普通农户除种植经济作物外，拥有的生产要素用途可能还有其他不同的组合——种粮+务工、流转耕地+务工、闲置耕地+务工①。以粮为辅的农户是否选择种粮，以及如何种粮，取决于"种粮+务工"总收益是否高于其他组合所产生的收益。因此，农户种粮积极性不高，不单单是因为种粮比较效益低，而是"种粮+务工"的比较效益低。要防范以粮为辅的普通农户粗放种粮、少种粮、抛荒不种粮的现象，不仅要增加农户的种粮收益，关键还在于如何扩大"种

---

① 此处"务工"泛指兼业农户打工、经商等除种粮以外的其他事项。

粮 + 务工"的总收益，提高该用途组合的比较效益。

4.1.1　土地托管有助于种粮效益提升

如前文所述，土地托管服务是针对较大规模的连片耕地提供的农业生产性服务，服务的规模化有助于降低单位耕地的农业机械使用成本、人工投入成本、农资投入成本等成本投入，从而降低了土地托管组织作业服务价格，从会计成本核算角度种粮的作业费多数情况下将下降[①]。同时土地托管服务又有助于粮食产量的提高、粮食质量的提升和粮食价格的提高，所以多数情况下粮食的净收益将有所增加。

1. 托管前后购买服务项目相同的农户，粮食净收益增加

若农户选择的托管服务和原来未托管前单项购买的生产性服务项目相同，粮食净收益肯定增加。

首先，土地托管后粮食种植成本肯定下降。目前，粮食种植中耕、种、收等重体力环节基本都实现了机械化，以粮为辅的普通农户由于种植规模小、农业机械购置成本高等原因，基本上都购买了这些环节的机械服务。如果以粮为辅的普通农户参加了土地托管，由于土地托管组织单项作业服务价格一般均低于农户自己单独从农机手处购买服务的价格（比如汶上县为农服务中心小麦收割价格为 55 元/亩，而社会上一般农机手提供的价格为 65 元/亩）。因此，参加土地托管后，这类农户的作业服务费肯定下降。如果农户还选用托管组织提供的农资，农资投入成

---

① 种粮作业构成：购买服务的作业 + 自己投入劳动的作业。

第一，若购买服务的作业环节托管前后是相同的，托管后作业服务价格低，作业成本下降，不论是否将自己的劳动折价计入成本，种粮总成本均下降。

第二，若托管后购买服务的作业环节增多，在部分原来由自己投入劳动完成的环节（如打药、浇水）也购买了托管服务。托管前后均购买服务的耕种收环节的作业服务费下降，打药、浇水等环节的作业费，原来由自己完成，现在要产生实际的费用。从会计成本的角度衡量，打药、浇水这部分的作业费增加。由于之前耕种收环节的作业费减少，因此总作业费用可能增加，也可能减少。

从经济成本的角度衡量，兼业农户之所以选择了打药或浇水环节的作业服务，一定是打药或浇水的机会成本高于请人服务的作业费，如自己有机会打工，打药的机会成本为 60～70元/天（如打零工 60～70 元/天），请人打药的服务费为 30 元［假设为 5 元/亩 × 6 亩 = 30（元）］，因此从经济成本的角度衡量，种粮总作业费用一定减少。

本也会有一定的下降。由此，以粮为辅的普通农户购买土地托管服务后，粮食种植成本肯定下降。

其次，土地托管以后，相对于以粮为辅的普通农户的粗放种粮，粮食单产通常增加（原因是：大型机械作业效果较好，农资更优、更有保障）、粮食售价通常提高（若由托管组织代收或代售），故种粮收益通常会增加。较高的粮食收益、较低的种粮成本，势必带来较大的种粮净收益（不论是从会计成本的角度衡量，还是从经济成本的角度衡量）。

2. 托管以后购买了更多服务项目的农户粮食净收益增加（经济成本核算角度）

若托管以后农户购买了比托管前更多的服务项目。从会计成本的角度，土地托管之前就需要购买生产性服务的环节，托管后所产生的作业服务费将下降；原来由自己完成的作业项目（如打药、浇水）的作业费用不计入会计成本，现在这些项目若由土地托管组织完成，即便作业服务价格相对较低，但也有会计成本发生。因此，粮食种植的总作业费用可能增加也可能减少。由于粮食单产相对于粗放种粮的时候会增加，售价会提高，粮食销售收入会增加，但由于种粮总作业费用变化的不确定性，粮食净收益的变化也存在不确定性。

从经济成本的角度核算，种粮净收益会增加。首先，考虑到自己劳动投入的机会成本（经济学中又称作自己劳动的隐性成本），种粮成本也降低。如某一农户（种植 6 亩小麦、玉米），除在原来选购服务的耕、种、收环节选择了土地托管服务，在原来由农户自己从事的打药环节也选择了托管服务。这肯定是农户作为"经济人"的理性选择，即自己打药的机会成本（如打零工 60 ~ 70 元/天）一定高于请托管组织打药的服务费 [5 元/亩 × 6 亩 = 30（元）]，否则农户还是会选择自己打药。因此，从经济成本核算的角度，选择土地托管服务以后，该兼业农户的种粮成本依然是降低的。其次，粮食单产相对于粗放种粮一定会增加，粮食售价提高，粮食销售收入增加，伴随着较低的种粮成本，粮食净收益一定增加。

4.1.2　土地托管有助于务工收入增加

从会计成本核算的角度，如果购买相同种类服务，土地托管以后种粮净收益会增加；而且还可以省去农忙时外出务工劳动力回家农忙产生的交通费和误工费。但如果购买更多的服务，由于产生新的作业服务费，粮食净收益可能增加也可能减少。但购买了更多服务以后，不仅可以省去外出务工劳动力回家农忙产生的交通费，更可以为兼业农户腾出更多的时间从事其他事务（如打工、经商）。如将打药、浇水的事务托管给服务组织，原有从事该事务的劳动力可以打工，在山东多个产粮大县，年轻女工或老年劳动力打工收入通常为 60～80 元/日，由此农户将有新的务工收入产生，这也是家庭收入的又一主要来源。

4.1.3　"种粮 + 务工"总收益增加，请人帮其种粮的积极性提升

1. 购买相同类型生产性服务

对于购买的土地托管服务种类与原来自己单独购买生产性服务类型相同的农户，最主要的获利是这些生产项目的作业服务费下降、种粮总成本下降；同时粮食单产和价格略有提升，粮食销售收入增加，一降一增间，粮食净收益增加。另外，还可以省去外出务工劳动力农忙回家务工的交通费和误工费。由于这部分农户购买的服务类型没有变化，原来由自己从事的事务仍由自己负责，因此并未为其腾出更多的时间从事其他事务，也无新的务工收入产生。对于该类以粮为辅的普通农户，土地托管仅是通过增加种粮净收益和减少交通费、误工费来提升农户的种粮意愿。

2. 购买更多生产性服务

对于购买的土地托管服务类别多于原来自己单独购买生产性服务类别的农户。由于有新的作业费用产生，种粮净收益可能增加也可能减少。但可以为农户省去外出务工劳动力农忙回家务工的交通费和误工费，且最主要的获利点是为其腾出了大量时间，可以从事其他事务，产生新的收入来源，由此家庭总收入通常增加。因此，这部分农户愿意请土地托管组织为其服务，农户请人种粮的意愿增加（见图 4 - 1）。

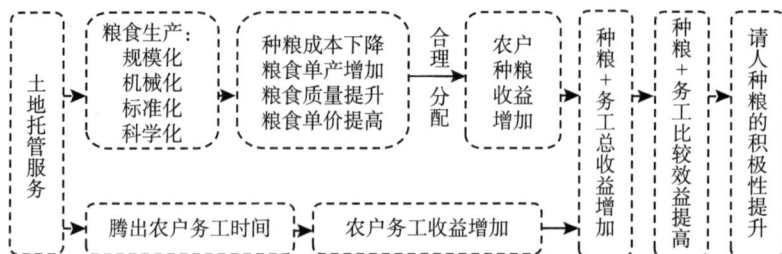

图 4 - 1　土地托管服务提升以粮为辅的种粮农户种粮积极性机理

4.1.4　典型案例——汶上县某以粮为辅的普通农户的三笔经济账

以汶上县义桥镇某农户为例，该户家庭人口 5 人（分别为户主，及其父母、妻子、儿子），经营自家 7 亩耕地（主要种植小麦、玉米）。户主常年在外从事建筑业，其父母已无力进行田间耕作，儿子在当地就读中学。该户 2010 年以前没有参加土地托管服务；2010 年初，参加了土地半托管服务；2011 年初，参加了土地全托管服务。现就该农户的三种不同的选择产生的收益进行比较。由于该农户参与土地托管服务的时间分别为 2010 年春和 2011 年春，因此本书按年度计算不同选择产生的收益，而非按照农作物的生产周期。以 2010 年为例，2010 年农户家庭纯收入 = 当年小麦销售收入 + 当年玉米销售收入 - 当年投入到小麦种植上的成本 - 当年投入到玉米种植上的成本 + 当年家庭成员其他收入。表 4 - 1、表 4 - 2、表 4 - 3，列出了不同选择下，该户小麦、玉米的成本与收益情况，以及农户的不同选择下的收益比较。

表 4 - 1　　　　　　不同选择下小麦成本、收益比较

| 选择 | 人工、机械费用（元/亩） | | | | | | | 农资费用（元/亩） | | | 总成本（元/亩） | 亩产（公斤/亩） | 单价（元/公斤） | 总销售收入（元） |
	旋地	播种	施肥	浇地	喷药	收割	运输	种子	农药	化肥				
未托管	5	0	0	30	0	55	5	56	30	222	2821	510	2.02	7210
半托管	40	10	0	20	0	45	15	44	20	193	2709	600	2.08	8736
全托管	40	10	10	20	16	45	15	44	20	193	2891	625	2.08	9100

注：本表所有数据均是年度数据，而非小麦跨年度的生产周期数据。"未托管"选择是 2009 年度的数据；"半托管"选择是 2010 年度的数据；"全托管"选择是 2011 年度的数据。总成本是指除农户劳动投入以外的如聘用劳动、使用机械、投入农资等事项所产生的总费用。

表 4 – 2　　　　　　　不同选择下玉米成本、收益比较

| 选择 | 人工、机械费用（元/亩） | | | | | | | 农资费用（元/亩） | | | 总成本（元/亩） | 亩产（公斤/亩） | 单价（元/公斤） | 总销售收入（元） |
	旋地	播种	施肥	浇地	喷药	收割	运输	种子	农药	化肥				
未托管	5	0	0	30	0	75	5	63	30	270	3346	600	2.36	9912
半托管	40	10	0	20	0	65	15	50	20	234	3178	675	2.42	11435
全托管	40	10	10	20	16	65	15	50	20	234	3360	690	2.42	11689

注：玉米的生产周期在同一年度，本表所有的数据均是年度数据。"未托管"选择是 2009 年度的数据；"半托管"选择是 2010 年度的数据；"全托管"选择是 2011 年度的数据。总成本是指除农户劳动投入以外的如聘用劳动、使用机械、投入农资等事项所产生的总费用。2011 年玉米的单价是参照的 2010 年单价。

表 4 – 3　　　　　　　不同选择下农户纯收入比较　　　　　　单位：元

| 选择 | 小麦销售收入 | 玉米销售收入 | 小麦总投入 | 玉米总投入 | 种粮净收益 | 交通费 | 打工年收入 | | 家庭纯收入 |
							男	女	
未托管	7210	9912	2821	3346	10955	400	21600	0	32155
半托管	8736	11435	2709	3178	14284	0	22400	0	36684
全托管	9100	11689	2891	3360	14538	0	22400	12000	48938

注：本表分别列出了 2009 年未参加土地托管、2010 年参加土地半托管、2011 年参加土地全托管等不同选择的年度数据。

1. 未参加土地托管的家庭纯收入

2009 年前，当地未出现土地托管服务。该户农作物种植主要靠家庭劳动力，户主妻子负责日常田间管理（如浇地、施肥、喷药等），农忙时户主回来耕种、收割，其余时间户主（男劳力）则在建筑工地打工。以 2009 年为例，该户对小麦种植的投入主要有：一是人工、机械费用，主要是自家旋地、浇地、运输所消耗的柴油或电费（没有考虑自家农用机械折旧费等），以及小麦收割的人工及机械费用，每亩总计 95 元；二是种子、化肥、农药等主要农资费用，合计 308 元①。小麦平均

①　2009 年小麦的投入包括两季投入，一是春季对小麦的投入，一是秋冬季对小麦的投入，前者的投入服务于当年小麦的产出，后者的投入则是服务于下一年度（2010 年）小麦的产出，当然 2009 年小麦的产出也同时得益于 2008 年秋冬季节对小麦的投入。

亩产510公斤,单价2.02元/公斤,每亩小麦销售收入1030元,7亩小麦总销售收入7210元。同年秋季,种植玉米的各项收支分别为:劳务机械等费用115元/亩、农资363元/亩;玉米单产600公斤/亩、单价2.36元/公斤,玉米销售收入1416元,7亩玉米总销售收入9912元。因此,2009年该农户粮食净收益等于当年粮食总销售收入减去当年总投入成本,即10955元。同年,户主在无锡某建筑工地打工共收入21600元(全年工作日大概270天)。春秋两季农忙共请假10天,来回交通费400元。粮食净收益加上户主打工收入,再扣除因农忙而产生的交通费,2009年该农户家庭纯收入32155元,人均6431元,略高于当年山东省农村居民人均纯收入6119元的水平。

2. 参加土地半托管的家庭纯收入

2009年秋,由汶上县供销社发起,全县成立了多家土地托管专业合作社。2010年春,该农户抱着试试看的想法,参加了土地托管合作社的半托管服务,合作社负责旋地、播种、浇地、收割、运输、销售等事务,并提供优惠农资;其妻则负责施肥、喷药等简单的田间日常管理;户主农忙时则可继续留在建筑工地打工。参加半托管服务后,小麦种植产生的人工、机械费用分别为:旋地每亩40元、播种10元、浇地20元、收割45元、运输15元,合计130元①。土地托管后,农资的使用量和价格均有所下降,农资费用合计257元/亩;而单产则提高为600公斤/亩,售价也提高到2.08元/公斤,每亩小麦销售收入1248元,总销售收入8736元。玉米总销售收入为11435元,然后扣除当年在小麦和玉米种植上的总投入,2010年参加土地半托管后,粮食净收益达14284元。同时,由于参加了土地托管,农忙时户主则无须返回,不仅省去了来回交通费,更腾出10多天的务工时间,2010年该户主打工收入为22400元。当年,农户家庭纯收入达36684元,人均纯收入7337元,全年家庭纯收入比2009年未参加土地托管时高出4529元。

---

① 由于该户是于2010年春浇小麦返青水时加入的托管合作社,浇地、收割、运输等事务在2010年春季完成;旋地、播种、浇地等事务发生在2010年秋季。2010年所使用的所有农资都是由土地托管专业合作社提供的优惠农资。

3. 参加土地全托管的家庭纯收入

在经济利益激励下，该农户于 2011 年春将全部土地托管给合作社，享受从旋地到销售全程托管服务，其妻也于年初到当地一家大型制衣厂上班。土地全程托管后，劳务及机械费用有所增加，按照专业合作社制定的收费标准，小麦每亩将达 136 元，玉米实际产生费用 156 元，但是，由于规模化、科学化种植，农资的使用量减少，价格也比市场价低7%～8%，农资费用较未参加土地托管的土地相比大幅减少，小麦每亩为 257 元、玉米每亩为 304 元。同时，规模化、专业化和科学化种植也带来小麦和玉米单产的大幅提高和质量的不断提升。全托管后，小麦、玉米单产分别增加到 625 公斤/亩、690 公斤/亩，单价也高于市场价。2011 年，7 亩小麦、玉米总销售收入分别为 9100 元、11689 元。在参与全程托管的 2011 年粮食种植中，小麦总投入为 2891 元，玉米实际投入成本 3360 元。2011 年土地全托管后种粮净收益为 14538 元，比 2010 年参与半托管每亩仅增加 36 元。但是，关键在于全程土地托管可以腾出更多的劳动力进行务工。除男劳动力继续在外打工外，其妻子也去当地一家大型制衣厂工作。假设 2011 年男性劳动力在外打工收入与 2010 年持平；女性劳动力在当地制衣厂工作的底薪为 1000 元/月，年终奖另按全年工作量核算，若仅考虑每月的底薪，该妇女 2011 年的打工收入也有 12000 元。因此，该农户的粮食净收益加男性劳动力及女性劳动力的务工收入，2011 年该户家庭纯收入达 48938 元。

4. 小结：土地托管激发了以粮为辅的普通农户选择请人帮其好好种粮的意愿

2009 年以前，农户未参加土地托管，以 2009 年为例，当年农户的种粮净收益为 10955 元，男性劳动力外出打工收入为 21600 元，家庭纯收入 32155 元。2010 年初，农户参加了半托管服务，从而男性劳动力农忙时不需要请假回家。当年，农户种粮净收益增加到 14284 元，男性劳动力打工收入也增加至 22400 元，家庭纯收入为 36684 元，高出未参加土地托管的 2009 年 4529 元。2011 年，该农户参加了土地全托管服务，同时女性劳动力也去当地制衣厂工作。当年，种粮净收益为 14538 元，较 2010 年增加不多，但全托管可以腾出时间让女性劳动力也去务工，2011 年该劳动力务工最低收入为 12000 元，故 2011 年土地全托管后，该户家庭纯收入至少增加到 48938 元，分别比未参加土地托管的 2009 年和参加土地半托管的 2010 年高出 16783 元、12254 元。

假设，2011 年当地仍未有土地托管服务，种粮净收益仍保持在 2009 年未参加土地托管 10955 元的水平。由于 2011 年女性劳动力务工收入至少为 12000 元，高于种粮净收益，该农户的种粮积极性将会锐减，农户很有可能请假粗放种粮或抛荒不种粮，然而在外务工劳动力农忙回家务工还花费了一定的交通费和误工费。土地托管服务解决了农户的后顾之忧，在腾出时间让农户增加务工收入的同时，更能帮其好好种粮，保障或提高种粮净收益，激发以粮为辅的普通农户在务工的同时选择请他人种粮的意愿。

4.2　土地托管有助于家庭农场和种粮大户选择种粮、种好粮

家庭农场和种粮大户在粮食种植中存在机械投入不足、资金投入大、融资难、季节性用工成本高、用工难等问题，土地托管组织可以通过向其提供专业的服务，缓解家庭农场和种粮大户粮食种植中存在的难题，提升其种粮意愿，选择继续种粮、种好粮。

4.2.1　缓解家庭农场、种粮大户农业机械投入不足的问题

课题组调研发现，平均 60% 的种粮大户和家庭农场配有农机，但仍有约 40% 的家庭农场和种粮大户没有购置农业机械。对于购置农机的家庭农场一般配置的是 2 万元以下的农业机械（家庭农场的农机配置总额一般 15 万元左右），对于价格几万元、数十万元的大型农机，大部分家庭农场和种粮大户或因投资太大，或因资产专用性太强不愿或无力购置（除一些家庭农场同时提供专业的农机服务）。大部分家庭农场和种粮大户不会购置大型深耕深松机械、大型耕种一体机、大型收割机、烘干塔等农业设施。而提供专业农业生产性服务的托管组织农业机械配置较齐全，多数组织还配有作业效率高、作业效果好的大型机械设施。

因此，土地托管组织可以通过提供专业的服务，满足那些没有购置农机或农机配置不足的家庭农场和种粮大户的农机需求，解决他们因农业机械配置不足导致的种粮难题和种植规模难扩大的问题，提升其种粮意愿。

4.2.2　缓解家庭农场、种粮大户资金投入大、融资难等问题

较普通种粮农户，家庭农场和种粮大户等新型种粮主体均面临资金投入较大的问题。其资金投入主要包括耕地租金、农业机械投入、农资投入、雇工投入等。以租金为例，山东多地连片租用耕地的成本基本在 800~1000 元/亩，一个种植规模在 300 亩左右的家庭农场，一年仅租金就达 24 万~30 万元；再如农资投入，1 亩小麦的种子、化肥、农药等农资投入大概在 300 元，1 亩玉米的农资投入大概为 280 元，所以 300 亩经营规模的家庭农场农资投入基本在 17.4 万元。如果再加上大量的机械购置费、使用费和雇工费，一个家庭农场的资金投入一年大概在 50 万元。如此大的资金投入，导致很多家庭农场资金周转困难，2014 年农业部监测的 2826 户有效样本中，有 83.2% 的家庭农场有融资需求，但只有 46.38% 的家庭农场获得贷款或外债。上述问题的存在，严重影响到家庭农场和种粮大户的经营和进一步的规模扩张。

而土地托管服务可以一定程度上缓解家庭农场和种粮大户资金投入大、融资难等问题。如通过提供专业的、机械化的耕种收、浇水、打药等作业服务，可以为家庭农场和种粮大户节省大量的农业机械投入成本和雇工费用（调研中发现，很多家庭农场反映，不论从成本还是作业效果考虑，如果当地有提供机械替代人工的浇水和打药服务，一般都会选择用机械替代人工）；通过农资供应服务，可以降低农资成本 10% 左右；并且一些新型的农业机械加上科学的种植方法，可以减少农资的使用量，农资的使用成本也会下降。如此，土地托管服务可以为家庭农场和种粮大户节省大量的资金。同时由于多数托管组织的服务费可以采用先付部分，季末粮食销售后统一结算的方式，因此可以缓解家庭农场和种粮大户的资金周转压力。

土地托管服务通过缓解家庭农场和种粮大户的资金难题，可以有助

于家庭农场和种粮大户更好地经营耕地，继续种粮、种好粮。

4.2.3 缓解家庭农场、种粮大户季节性用工难的问题

家庭农场、种粮大户普遍存在季节性家庭劳动力不足的问题，在耕、种、收等机械化作业环节一般需要雇用几人辅助机械作业，在打药、浇水等作业环节，仍需要雇用大量劳动力（一般是因为自有机械配置不足或服务不足或作业条件不允许机械作业）。由于用工时间集中，劳动力相对短缺；再加上用工量较大、劳动力工资不断上升（农忙时工资，由几年前 40 ~ 50 元/天，上升为 70 ~ 80 元/天），家庭农场和种粮大户将逐渐面临季节性用工难的问题。

土地托管组织通过使用大型的、先进的农业机械可大大减少人工投入。如打药环节，及时雨 60-10 无人飞机（价格 12 万元）日防作业能力 300 亩，亩均农药使用量 30 克，亩均防治作业成本 6 元；人工使用电动喷雾器防治，日防作业能力 10 亩，亩均农药使用量 50 克，亩均防治作业成本 20 元。如果一个种植规模 300 亩的家庭农场选择人工防治，则需要 30 个人工，不但用工成本大大增加，人员雇用也存在困难。在保障作业效果的前提下，采用飞防服务可大大节约人工，大幅减少作业成本和农药使用量。因此，家庭农场和种粮大户通过购买专业的托管服务可大大缓解其季节性用工难问题，可以更好种粮、种好粮（见图 4 - 2）。

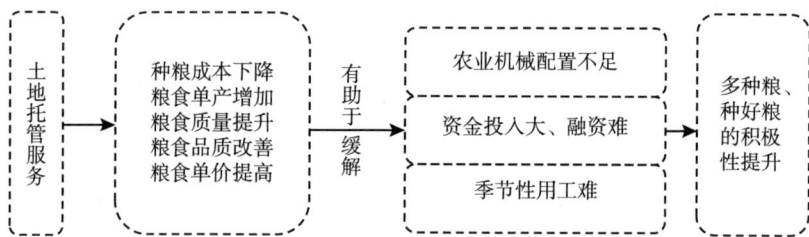

图 4 - 2　土地托管服务提升种粮大户、家庭农场种粮积极性机理

4.2.4 缓解流转耕地非粮化问题

2014 年农业部在全国 31 个省（区、市）的 91 个县（区、市）选择了 3092 户家庭农场进行监测，在 2826 个有效样本中，种粮型家庭农

场仅占 50.81%。在种粮的家庭农场中，还有多数家庭农场选择部分耕地种粮、部分耕地种植经济作物，或者粮食与经济作物轮作。土地托管服务可以通过为粮食作物种植提供全程生产性服务，充分发挥粮食相对经济作物种植简单、投入少、收入稳定的优势，吸引家庭农场和种粮大户拿出更多耕地选择种粮，为保障粮食安全助力。

4.3　土地托管可助推农业企业 高标准种粮基地建设

　　目前粮食型龙头企业在原材料方面面临以下问题：国内普通粮多、优质粮少；进口优质粮价格高；龙头企业 + 专业合作社 + 基地（农户）的模式，组织成本高、粮食品质有时难以保障。因此，很多龙头企业无奈选择自己建设生产基地。自己建设生产基地可以很好地保障粮食质量，但也存在投资大、机会成本高等问题。比如，自建基地除需要租入耕地，还要投入大量农业机械，雇用劳动力管理与组织生产。而这些资金投入的机会成本较高，因为大部分农业企业的专长不是粮食的生产，而是粮食的加工与销售，这些建设生产基地的资金如果投放到粮食的加工或销售上，产生的经济效益可能更大，因此大部分农业企业不愿意自己建设生产基地。

　　土地托管服务可以很好地解决农业企业建设生产基地存在的投放资金机会成本过高的问题。土地托管组织通过向农业企业提供耕种收、田间管理等环节的专业化生产服务可以省去农业企业大量的农业机械投入和人力投入，或者土地托管组织直接向农业企业提供全程托管服务，农业企业只需交纳服务费、农资费用，提出种植要求，就可以坐等粮食收获。这样农业企业的资金就可以从事自己更具比较优势的粮食加工和销售业务，同时又有人（或组织）帮助其建设高标准的种粮基地，从而保障了原材料的数量和质量。并且自建高标准基地还可以为"龙头企业 + 专业合作社 + 基地（农户）"模式的基地建设起到技术等方面的指导与示范作用，助推更多粮食基地建设，更好地保障粮食的质量与品质，为保障粮食质量安全和品质安全添砖加瓦（见图 4-3）。

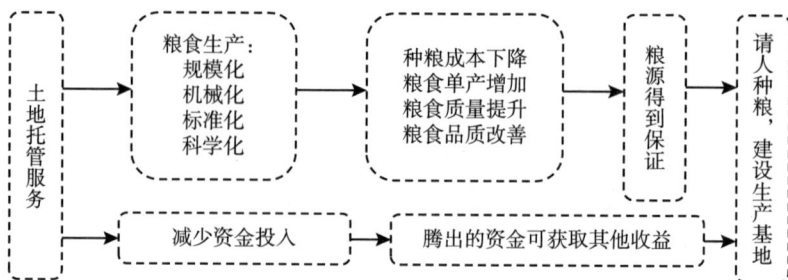

图4-3　土地托管服务推动农业企业建设生产基地机理

第5章 土地托管保障粮食安全路径与效果研究

保障粮食安全是确保社会稳定、国家自立、人民幸福安康的根本性问题。在现代化农业发展的大背景下，土地托管服务作为一种新兴的农业生产性服务形式对于保障粮食安全具有重要意义。本章从数量安全、质量安全、营养安全、生态安全四个方面具体论述土地托管服务如何保障粮食安全。

5.1 土地托管有助于保障粮食数量安全

保障粮食数量安全的基本思路是：保障土地的综合生产能力（即藏粮于土）；加大新型技术的推广与应用（即藏粮于技）；提高仓储水平、改善仓储效果（即藏粮于仓）；有效利用国内国际两大市场（即藏粮于市）。本书研究的是在耕地数量一定的前提下，土地托管这一服务形式如何通过提高土地综合生产能力、推广应用新技术、改善仓储效果，来保障粮食数量安全。

5.1.1 土地托管保障粮食数量安全的直观表现

2004～2015年，我国粮食总产量实现"十二连增"。尤其是在粮食"十二连增"的后几年，也是我国土地托管服务快速推进的几年，土地托管服务对于促进粮食总产量的增加有无作用？有多大作用？下文将从土地托管服务如何影响粮食播种面积和单产两个方面进行深入探讨。

1. 有助于粮食播种面积增加

土地托管服务扩大粮食播种面积主要通过两大途径：一是通过复垦兼业农户的撂荒地增加播种面积；二是通过推平垄背、去除田埂、整理沟渠道路等地块连方成片整理增加播种面积。

（1）撂荒和粗放种粮问题的解决可直接增加粮食播种面积

①撂荒现象较为严重。随着城镇化进程的发展，农村劳动力非农就业比例增加，目前我国撂荒问题较为严重。据国土资源公报数据，2016年我国耕地面积为20.24亿亩，仅占农用地的21%。随着工业化、城镇化的推进，农村大量劳动力进城务工，2012年，山东省58.4%的农村劳动力外出打工，其中，21%的村劳动力转移达到70%，12%的村劳动力转移达到80%，少数达到90%①。大量劳动力外流，其承包的耕地如果没有很好流转便出现大量的撂荒地现象。按全年撂荒时间划分，有全年性撂荒和季节性撂荒两种；按撂荒程度分，有显性（直接）撂荒和隐性撂荒两种。隐性撂荒多为粗放种粮，即农户投入较少的人力、物力、财力而导致耕地利用程度下降、产出水平降低的现象，如双季改单季、三季改两季等。四川省农业厅对全省10个市进行统计显示，抛荒耕地总面积达5541亩，其中，季节性抛荒占56.5%②。农村劳动力的大量外出，从事农业生产的多为留守老人和少数妇女，撂荒行为日益普遍，耕地资源浪费严重。

②土地托管服务的出现，解决了撂荒地的复垦问题。土地托管服务分为全托管服务和半托管服务，解决了无人种、无法种、种不好的问题。如，2009年西安市长安区中丰店村实行土地托管服务后，5%被撂荒的秋田全部实现复种；江西吉安县实行土地托管服务后，撂荒的2155亩耕地于2016年实现了全部复种（复垦率100%）；合浦县惠东农机农民专业合作社开展土地托管业务后，于2015年复耕撂荒地1100多亩等。

③土地托管服务的发展，解决了农户粗放种粮问题。以课题组调研地之一山东省汶上县为例，汶上县是山东供销系统土地托管服务的发源

① 《山东省供销合作社综合改革试点工作资料汇编》，山东省供销合作社联合社2016年版，第261~262页。

② 徐莉：《城市化进程中如何解决农地抛荒问题》，载于《农村经济》2010年第3期，第21~24页。

地，也是山东省典型的农业大县，共有 83 万亩耕地，66 万农业人口，常年外出务工的人约有 36.2%[①]。土地托管服务出现以前，汶上县面临着外出打工、无人种地的困局，土地托管服务的出现和发展实现了农民"打工种地两不误"。据《经济日报》数据，截至 2016 年底，汶上县农村土地托管面积 40.3 万亩。

托管服务出现以前，农民的理性选择是"弃耕或单季种小麦 + 打工"。以调研的寅寺镇普通农户家庭为例，当地农户人均 1.2 亩耕地，按户均 5 亩耕地、每户两个劳动力计算，以 2016 年秋种和 2017 年春种为一个年度，农户具有纯种粮、打工 + 单季种粮、打工 + 双季种粮、纯打工四种选择。经测算，如表 5 - 1 所示，纯种粮农户家庭年收入 4380元，无法满足基本生活需要。选择打工 + 单季种粮的农户有单季种小麦和单季种玉米两种选择，打工 + 单季种小麦总收入为 51450 元，打工 + 单季种玉米总收入为 50005 元。选择单季种小麦的收益明显高于单季种玉米的收益，而且小麦的机械化程度高、投入少、耕作简单，农户一般更倾向于打工 + 单季种小麦的模式。选择打工 + 双季种粮的农户收益为50955 元，收益低于打工 + 单季种小麦的收益，且种植双季投入时间、精力等较多，农户更愿意选择种植单季麦。选择弃耕或抛荒，纯打工的农户收益为 51300 元，收益仅次于打工 + 单季种小麦，但是投入时间、精力都较少，农户的积极性也较高。所以，从上述分析来看，农户的理性选择应为打工 + 单季麦或者弃耕，粮食播种面积减少，造成耕地资源的浪费。另外，此处仅是以当地打工工资的平均水平计算，部分农户外出打工（如到江浙一带打工），工资和交通费用均高于计算使用的两个劳动力每天 190 元工资和两个来回 800 元交通费，且此处亩均投入均按调研平均水平粗略计算，一般粗放种粮者田间管理不及时，农业生产投入（如农资使用量）比以粮为主的农户高。所以，此处粗放种粮农户的外出打工收益可能低于实际值，粮食收益估算可能高于实际值，种粮的机会成本估算低于实际值。事实上，随着外出打工工资收入的提高、交通费用的增多、粮食投入成本的增加，农户选择单季种植或者抛荒获得的家庭总收入越高，撂荒的可能性越大，农户选择单季种植小麦或者弃耕 + 打工的意愿更强烈，并由此导致播种面积的减少。

---

① 《山东汶上县：农民土地托管供销社种地打工两不误》，载于《人民日报》2013 年 4月 18 日。

表 5 - 1　　　　　　　　　托管前农户不同选择收益比较

	粮食收入				打工收入			交通费用④(8)	总收入(9)=(4)+(7)-(8)	理性选择(10)
	亩均收益①		耕地面积(3)	净收益(4)=(1+2)×(3)	打工天数②(5)	日均工资③(6)	收入(7)=(5)×(6)			
	小麦(1)	玉米(2)								
纯务农	636	240	5	4380	0	0	0	0	4380	5
打工+单季麦	380	0	5	1900	265	190	50350	800	51450	1
打工+单季玉米	0	91	5	455	265	190	50350	800	50005	4
打工+双季	380	91	5	2355	260	190	49400	800	50955	3
纯打工	0	0	0	0	270	190	51300	0	51300	2

注：①纯务农农户小麦的亩均收益：小麦亩均收入 = 单产 × 价格 - 亩均投入 = 1100 × 1.16 - 640 = 636（元），玉米亩均收入 = 单产 × 价格 - 亩均投入 = 1200 × 0.8 - 720 = 240（元）。打工 + 务农的多为粗放种粮农户，粮食产量较低，以下单季、双季种均粗略计算为：小麦亩均收入 = 单产 × 价格 - 亩均投入 = 880 × 1.16 - 640 = 380（元）；玉米亩均收入 = 单产 × 价格 - 亩均投入 = 1014 × 0.8 - 720 = 91（元）。其中，小麦玉米价格为 2017 年价格，产量、投入均为调研数据整理所得。

②按纯打工全年工作时间 270 天计算，记双季平均农忙 10 天、单季平均农忙 5 天，数据为调研所得，下同。

③日均工资按调研农户中男女平均工资计算，男性平均工资为 120 元/天，女性工资为 70 元/天，两人共 190 元/天，下同。

④农忙每人来回交通费用按 200 元计算，两人为 400 元，农忙种植单季和双季均需要两个来回，所以交通费用均粗略记为 800 元，数据为调研所得，下同。

资料来源：调研数据整理所得。

土地进行托管后，农民的最优选择是土地托管 + 务工。自 2010 年 9 月，汶上县开始对农民的土地进行托管服务，减少了土地撂荒，在一定程度上增加了耕地面积，提高了耕地利用率；而且给外出打工农民带来了收益。如表 5 - 2 所示，农户的最优选择为外出打工，土地进行托管。相比于托管前的弃耕撂荒，年收益至少增加 4380 元①，播种面积增加 10 亩②；相比托管前打工 + 单季种麦的模式，年收益增加 4230 元，播

① 按托管后农户产量、投入均与纯农户相同粗略估算，一般托管后产量会有所提高，农资等投入减少，种植良种等售价也高，所以收益会更高。

② 每季播种面积为 5 亩，两季播种记为播种面积 10 亩，下同。

种面积增加 5 亩。农户选择土地托管服务投入少、收益高，托管意愿较为强烈，托管行为带来播种面积的增加。所以，土地托管服务可以解决农户撂荒、粗放种粮问题，直接增加播种面积。而且，托管服务能为农户增加收益，可以吸引更多农户参与土地托管服务，复垦更多粗放种粮者撂荒的耕地，增加播种面积。

表 5 – 2　　　　　　　托管后农户不同选择收益比较

| | 粮食收入 | | | | 打工收入 | | | 交通费用(8) | 总收入(9) = (4) + (7) – (8) | 理性选择(10) |
| | 亩均收益* | | 耕地面积(3) | 播种面积 | 净收益(4) = (1+2) × (3) | 打工天数(5) | 日均工资(6) | 收入(7) = (5) × (6) | | | |
	小麦(1)	玉米(2)									
纯务农	636	240	5	10	4380	0	0	0	0	4380	
打工 + 单季麦	380	0	5	5	1900	265	190	50350	800	51450	
纯打工	0	0	0	0	0	270	190	51300	0	51300	
打工 + 托管	636	240	5	10	4380	270	190	51300	0	55680	1

注：*此处粗略计为打工 + 托管亩均粮食收益和纯种粮农户一致。
资料来源：调研数据整理所得。

此处仅以汶上县一户普通农户为例，相比于撂荒增加了 10 亩播种面积，相比于单季种植增加了 5 亩播种面积，整个汶上县以及山东省乃至全国会有无数类似的农户，土地托管服务的推广会增加更多有效播种面积，实现粮食增产、农民增收（总收益）。

（2）耕地连方成片整理可增加有效种植面积

土地托管服务增加耕地面积，除了上述撂荒地复种，还可以通过推平垄背、去除田埂等连方成片整理，整合出更多土地进行规模化集约化种植。据中国国土资源报数据，2016 年全国各类整治项目共补充耕地 365.4 万亩，较 2015 年提高了近 19 个百分点。

①各地实践证明，土地托管服务可以增加有效种植面积。自 2010 年全国各地陆续开展土地托管服务，针对托管后耕地面积的增加情况，各地均进行了测算，测算结果也大同小异。如 2013 年《人民日报》报

道，实行土地托管服务后，去掉户与户之间边界和为浇水便利设置的田埂，小麦种植中，亩均有效种植面积增加20%，亩产增加100~150公斤；据2015年新华每日电讯，土地托管后，通过推平垄背、重新规划沟路渠，可增加播种面积13%~15%。

②调研发现土地托管服务通过推平垄背、去除田埂可增加有效种植面积11.6%。由于地域、时间、耕作方式等不同，各地测算结果可能存在差异，此次课题组对此展开实地调研，调研数据表明，土地托管服务通过耕地连方成片整理至少可以增加有效种植面积11.6%。以山东省小麦种植为例，经调研数据测算，如表5－3所示，土地托管后，通过推平垄背可增加有效种植面积9.2%，通过去除户与户之间的边界田埂可增加有效种植面积2.4%。

表5－3　　　　托管后亩均增加有效面积情况（以小麦为例）

类型	宽度（米）	长度（米）	面积（平方米）	数量（个/亩）	总面积（平方米）	地块面积（平方米）	比例（%）
田埂	0.3	26.8	8.04	2	16.08	667	2.4
垄背	0.1	26.8	2.68	23	61.64	667	9.2
田垄	1	26.8	26.8	22	589.6	667	88.4

资料来源：调研数据整理所得。

一方面，目前耕地细碎化严重。课题组调研数据显示，320户被调研的普通农户中，户均耕地面积11.1亩，其中最大耕地面积47亩，最小耕地面积0.5亩。如表5－4所示，户均地块数为3.8个，最多的农户有12个地块，说明总体土地细碎化现象较为严重。

表5－4　　　　　　　普通农户家庭耕地情况

	平均	最大	最小
每户耕地面积（亩）	11.1	47.0	0.5
每户地块数（个）	3.8	12.0	1.0
每块地块面积（亩）	2.9	15.3	0.3

资料来源：调研数据整理所得。

另一方面，水利条件、边界限制等需要设置田埂、垄背等。以山东省为例，每家每户小规模耕种，户与户之间要设置作为地界和双方过路的田埂，一般为每家每侧 30 厘米；由于水利条件的不同，田地为增加浇水的便利性，需设置田垄，以小麦为例，垄与垄之间的垄背为 10 厘米，每 4 行为 1 垄，宽度为 1 米。1 亩地块约为 667 平方米，以宽度为 24.9 米、长度为 26.8 米的亩地块为例，如表 5 - 3 所示，田垄有 22 行，亩均实际种植面积为 88.4%。

土地进行托管后，通过推平垄背、去除田埂等连方成片整理，可以增加有效种植面积 11.6%。以每亩单季增加播种面积 11.6%、全国普通农户家庭户均耕地面积 7.5 亩测算，则每户可增加 0.87 亩耕地。山东省人口较多，人均耕地面积较少，以山东省 320 个调研样本为例，如果全部实行土地托管，如表 5 - 5 所示，播种面积可增加 412.4 亩，相当于 55 家普通农户的耕地面积。

表 5 - 5　　　　　　全部样本土地托管后面积增加情况

地点	样本个数	面积（亩）	可增加面积（亩）
嘉祥县	49	536.5	62.2
汶上县	37	291.7	33.8
微山县	16	115.9	13.4
梁山县	10	110.5	12.8
巨野县	15	139.0	16.1
高唐县	11	80.0	9.3
邹平县	30	343.5	39.8
文登区	19	244	28.3
淄川区	17	294	34.1
高密市	34	276.5	32.1
郓城县	30	608	70.5
齐河县	41	333.2	38.7

地点	样本个数	面积（亩）	可增加面积（亩）
宁阳县	11	182.8	21.2
总计	320	3555.6	412.4

资料来源：调研数据整理所得。

除推平垄背、去除田埂外，整理小路、重新规划沟渠等都会增加播种面积①，小麦一季种植可增加有效种植面积11.6%，双季或者三季耕作则会增加更多有效播种面积。土地托管服务可以通过增加粮食播种面积，促进粮食总产量增加。

2. 有助于粮食单产提高

土地托管除了通过增加播种面积保障数量安全，还可以在既有耕地面积不变的前提下，通过提高单产保障粮食数量安全。如前所述，我国农户分为普通种粮农户和新型种粮主体（规模经营主体），本节将分别研究土地托管服务如何提高这两类种粮主体的粮食单产。一般而言，普通种粮农户，尤其是以粮为辅的普通农户由于投入时间、劳动力较少，技术知识能力有限等，容易出现田间管理不足、产量较低现象，而土地托管服务的出现可以以更低的成本、更先进的技术、更充足和适时的劳动力投入等解决这部分兼业农户粗放种粮的问题。对于种粮大户、家庭农场等规模经营主体，土地托管服务一方面可以通过选择优良品种，采用深耕深松、测土配方技术等种植方式帮助其提高粮食产量，另一方面可以通过推广使用先进农业机械如新型联合收割机，减少粮食收获过程中的损失，从而有助于粮食产量增加。

（1）有助于粗放种粮农户单产提高

①各地均有相关测算，托管后，粮食单产增加区间为10%～30%。近年来，随着城镇化、工业化推进，农村劳动力进城打工的机会和收益增加，相比于从事面积少、成本高、效益低的粮食种植，越来越多的农户选择进城打工。耕作者老龄化、兼业化导致延误农时、少浇水施肥甚至不浇水施肥等粗放式管理问题突出，造成粮食减产。2010年以来，

———

① 由于每个地方水利、交通情况不同，基于数据的可获得性和严谨性此处不再测算。

土地托管服务出现后，部分农户开始参与土地托管，实现了增产增收，各地增产情况不一，大体区间为 10% ~ 30%，具体如表 5 - 6 所示。

表 5 - 6　　　　　　　　各地土地托管后粮食单产增加情况

托管地点/托管组织	托管后增加产量	来源
山东省济宁市汶上县	亩产增加 150 ~ 200 公斤	潘俊强：《农民外出打工　供销社给农民打工》，载于《人民日报》2013 年 4 月 18 日
山东省泰安市宁阳县郭家临邑村	玉米亩产增加 100 多斤	赵悦：《泰安"托"出种地新模式》，载于《农民日报》2015 年 8 月 4 日
山东省供销系统	亩产增加 20% ~ 30%	刘守英等：《聚焦山东供销社"土地托管"探索》，载于《中国经济时报》2015 年 9 月 15 日
山东省高密阚家镇众鑫合作社	产量增加 10%	李宇人：《山东省供销社探索 3 公里土地托管圈》，载于《中华合作时报》2015 年 2 月 6 日
山东省郯城县育新水稻农机化服务专业合作社	亩产增加 100 公斤	李勇：《郯城用"土地托管"实现共赢》，载于《中国财经报》2013 年 6 月 27 日
	亩产增加 100 多公斤	任士刚：《郯城做活土地托管文章》，载于《中国财经报》2015 年 6 月 9 日
河南省邓州	玉米亩产增加 100 公斤小麦亩产增加 60 公斤	乔地：《河南邓州：土地托管，划算得很》，载于《科技日报》2013 年 8 月 10 日
吉林省田丰机械种植专业合作社	2011 年亩产增加 135 斤	阎红玉：《农民有收益　合作社有效益》，载于《农民日报》2013 年 4 月 2 日
陕西长丰现代农业托管公司	亩产增加 166 公斤	晁阳：《农业部调研组高度评价长安土地托管》，载于《陕西日报》2009 年 12 月 6 日
	亩产增加 15% ~ 20%	乔佳妮：《土地托管，为何没有大范围推行》，载于《陕西日报》2013 年 5 月 23 日
	亩产增加 20% 以上	王毛毛：《农民打工种地两不误》，载于《西安日报》2013 年 5 月 2 日
	亩产增加 100 ~ 150 公斤	宋修伟：《长安土地托管探访记》，载于《农民日报》2013 年 7 月 15 日

托管地点/托管组织	托管后增加产量	来源
陕西省陇县下凉泉村众鑫粮食种植专业合作社	小麦亩产增加130斤	梁会平：《土地"托管"，农民既省心又挣钱》，载于《陕西日报》2014年5月15日
	玉米亩产增加120斤	张雯丽：《土地托管模式：规模化经营新途径》，载于《中国县域经济报》2013年7月8日
安徽凤台县沿湄糯米专业合作社	2010年，亩产增加288斤，增产率38%	刘银昌：《从"要我订单"到"我要订单"的嬗变》，载于《淮南日报》2012年6月11日
安徽省砀山县朱楼供销合作社	小麦亩产增加150斤	安徽省砀山县供销合作社：《土地托管在规范化管理中提升》，载于《中华合作时报》2016年7月19日
湖南襄阳市	亩产增加150斤	余爱民：《"小承包"迈向"大经营"》，载于《农民日报》2015年9月17日
湖南省桃源县丰隆水稻合作社	产量增加10%以上	唐志君：《桃源"土地托管"让农民轻松种田》，载于《常德日报》2013年4月18日
江苏省睢宁县大自然粮食生产专业合作社	亩产增加50公斤	艾丹、睢宁：《土地托管"托"出了丰收和希望》，载于《江苏经济报》2010年10月27日
江西省瑞昌市金桥土地托管专业合作社	亩产提高200公斤	何深宝：《土地托管："托"起农村新希望》，载于《江西日报》2009年11月10日

②目前土地托管大省山东省的土地托管基本情况。山东省是土地托管兴起最早、发展最为成熟的产粮大省，托管时间长、覆盖面积广，具有较好的代表性。截至2016年9月底，全省供销系统托管面积已达2056万亩。如表5-7所示，小麦+玉米托管面积最多，总面积为1392万亩，占比超过60%，水稻托管面积40万亩，三大粮食作物占比近70%。

③以山东省为例，根据课题组对山东省320户普通种粮农户的调研数据，分别进行单产增加主观自评和客观评价。调研地区大部分为产粮大县，托管程度较高。如表5-8所示，调研的320户普通农户中，参加土地托管的有279户，占比87.2%，其中，半托管的农户252个，全托管农户27个。总体来看，未托管、半托管、全托管占比分别为

12.8%、78.8%、8.4%。其中，嘉祥县、邹平县、汶上县、郓城县四个村庄土地托管程度较高，都超过90%。

表5-7　　　　　　　　山东省土地托管作物结构

作物	面积（万亩）	比例（%）
小麦＋玉米	1392	67.7
水稻	40	1.95
棉花	53	2.6
花生	114	5.5
瓜菜	124	6.0
果品	254	12.4
其他	79	3.85
总计	2056	100.0

资料来源：山东省供销社调研数据。

表5-8　　　　　　　　普通农户参加土地托管情况

总样本个数	未托管		半托管		全托管个数	
	个数	比例（%）	个数	比例（%）	个数	比例（%）
320	41	12.8	252	78.8	27	8.4

资料来源：调研数据整理所得。

一是农户主观评价情况。主观自评中，有97.5%的农户认为托管后粮食单产不会下降。调研组对已经实行土地托管的279农户进行了托管后粮食单产是否增加的调查，农户的主观自评情况如图5-1所示，有97.5%的农户认为土地托管不会降低粮食单产，近1/3的农户认为会增加产量。其中，嘉祥县、梁山县、邹平县、高密市、郓城县、宁阳县等均没有人认为会降低产量，除文登区外每个试行了土地托管的调研地点都有人认为土地托管可以增加粮食单产（如表5-9所示）。

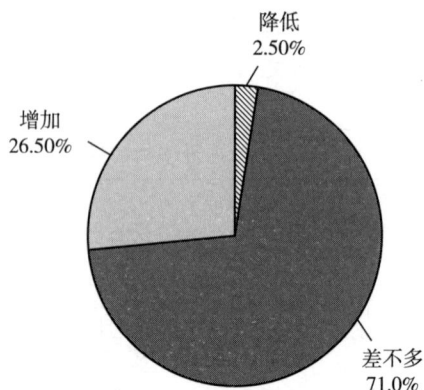

图 5 - 1　托管农户单产增加主观自评情况

资料来源：调研数据整理所得。

表 5 - 9　　　　　　　农户托管后单产增加主观自评情况

地点	托管样本数	托管后亩均增产自评					
		降低	比例（%）	差不多	比例（%）	增加	比例（%）
嘉祥县	48	0	0.0	34	70.8	14	29.2
汶上县	35	2	5.7	23	65.7	10	28.6
微山县	14	1	7.1	10	71.4	3	21.4
梁山县	8	0	0.0	6	75.0	2	25.0
巨野县	12	1	8.3	9	75.0	2	16.7
高唐县	9	0	0.0	6	66.7	3	33.3
邹平县	29	0	0.0	20	69.0	9	31.0
文登区	10	1	10.0	9	90.0	0	0.0
淄川区	12	1	8.3	9	75.0	2	16.7
高密市	33	0	0.0	25	75.8	8	24.2
郓城县	28	0	0.0	17	60.7	11	39.3
齐河县	33	1	3.0	24	72.7	8	24.2
宁阳县	8	0	0.0	6	75.0	2	25.0
总计	279	7	2.5	198	71.0	74	26.5

资料来源：调研数据整理所得。

二是客观测算。根据粮食实际单产进行客观测算，托管后，粮食每季单产提高20%以上。鉴于普通农户的认识能力有限，主观自评增产可能存在一定偏差，课题组针对客观粮食产量进行了测算。调研数据表明，粗放种粮农户小麦产量一般低于500公斤/亩，大部分在400～500公斤/亩，玉米产量一般低于550公斤/亩，集中在450～550公斤。实行土地托管服务后，如表5-10所示，小麦亩产增加100～150公斤，玉米亩产增加100～170公斤，平均亩产分别提高27.5%、23.8%。

表5-10 农户托管后单产客观增加情况

地点	小麦				玉米			
	托管前亩均（公斤）	托管后亩均（公斤）	增产（公斤）	增幅（%）	托管前亩均（公斤）	托管后亩均（公斤）	增产（公斤）	增幅（%）
嘉祥县	463	564	101	21.8	525	626	101	19.2
汶上县	440	555	115	26.1	500	604	104	20.8
微山县	442	561	119	26.9	505	615	110	21.8
梁山县	450	573	123	27.3	550	650	100	18.2
巨野县	458	566	108	23.6	515	640	125	24.3
高唐县	438	562	124	28.3	495	613	118	23.8
邹平县	455	583	128	28.1	550	658	108	19.6
文登区	425	543	118	27.8	480	643	163	34.0
淄川区	450	571	121	26.9	500	640	140	28.0
高密市	400	528	128	32.0	475	572	97	20.4
郓城县	435	549	114	26.2	490	609	119	24.3
齐河县	425	559	134	31.5	500	634	134	26.8
宁阳县	428	541	113	26.4	505	634	129	25.5
平均	439	558	119	27.2	507	626	119	23.5

资料来源：调研数据整理所得。

（2）有助于新型种粮主体单产提高

种粮大户、家庭农场、农民专业合作社、农业企业等规模经营主体，由于耕地面积较大，单个家庭劳动力、精力等有限，无法像传统农户一样精耕细作，所以规模种粮主体也需要土地托管服务。通过土地托管服务可以种植优良品种、使用先进技术等，在产中环节实现增产；也可以使用先进机械减少产后收获环节损失，提高粮食产量。

以课题组调研的84户新型种粮主体为例。如表5-11所示，调研的84户新型种粮主体中，平均耕地面积为330亩。其中，种植小麦样本82个，种植玉米样本78个，玉米青储样本2个，种植大豆样本4个，此处主要研究小麦、玉米。

表5-11　　　　　　　新型种粮主体样本基本特征

| 总样本 | 不同作物样本（户） | | 平均耕地面积（亩） | 平均地块数（块） | 平均地块面积（亩） |
	小麦	玉米			
84	82	78	330	4	93.8

资料来源：调研数据整理所得。

土地托管使小麦和玉米的产量都有所增加。托管前，小麦平均产量为450公斤/亩，玉米平均产量为500公斤/亩。实行土地托管后，如表5-12所示，小麦平均亩产增加93公斤，增幅20.7%，玉米增加109.5公斤，增幅21.9%[①]。

表5-12　　　　　新型种粮主体土地托管后粮食产量变动情况

| 总样本 | 小麦亩均产量 | | | | 玉米亩均产量 | | | |
	托管前（公斤）	托管后（公斤）	增产（公斤）	增幅（%）	托管前（公斤）	托管后（公斤）	增产（公斤）	增幅（%）
84	450	543	93	20.7	500	609.5	109.5	21.9

资料来源：调研数据整理所得。

5.1.2　土地托管保障粮食数量安全的深层原因

粮食数量增加主要来源于产中环节粮食增产和产后环节粮食损失减少，前者主要得益于耕地状况的改善、新型技术的使用等，后者主要表

---

① 小麦产量为2017年小麦亩产，玉米产量为2016年玉米亩产。

现为晾晒、仓储环节粮食损失减少。土地托管服务保障粮食数量安全的深层原因，主要是土地托管服务能够提高土地综合生产能力、推广应用新型技术和改善晾晒仓储效果，以下从这三方面具体分析土地托管如何保障粮食数量安全。

1. 有利于提高土地综合生产能力，提高粮食产量

近年来，随着土地托管面积和范围的扩大，我国粮食生产状况日益得到改善，主要表现为多项土地综合整治项目的实施和耕地质量的改善。土地综合项目的实施和耕地质量的改善可以提升耕地综合生产能力，进而有助于粮食产量增加。本部分重点探讨土地托管如何便于综合整治项目的实施，如何有利于耕地质量提升，从而保障粮食数量安全。

（1）便于土地综合整治项目的实施

①有利于国家惠农支农项目的实施，提高土地综合生产能力。"三农"问题是国家一直高度关注的问题，国家对农业的扶持力度较大。如2013年，中央财政对"三农"的投资额达13799亿元[①]，近年来也不断加强高标准农田建设，推进中低产田改造、农田水利基本建设、大中型灌区修复改造、小型农田水利建设、高效节水灌溉工程建设等惠农项目。土地托管服务组织作为实施主体推动了各项项目的落实，提高了土地综合生产能力。下面以中低产田改造和小农水项目为例分别阐述土地托管服务有利于国家土地综合整治项目的实施。

中低产田改造项目。据农业部2017年全国冬春农田水利基本建设数据，截至4月，共改造中低产田1869.44万亩。中低产田改造为高产田是使粮食增产的便捷方式，而改造前的资金筹备、改造过程中项目实施的顺利程度、改造后的设施检修维护等都离不开土地托管服务。一是土地托管组织具有资金优势。项目实施的配套资金等数额巨大，普通农户往往难以承担，而托管组织具有先天优势，能够短时间集聚较充足的资金，保障项目的顺利实施。二是土地托管有利于保障项目实施的效率。托管土地连方成片，有利于中低产田改造的规模化，减少分家分户沟通的交易成本，提高项目实施的效率。三是土地托管有利于已建项目设施的合理使用。托管组织可以推动项目设施的标准化使用，延长公共

---

① 资料来源：2013年《政府工作报告》。

项目的使用寿命，而且有利于设备的后期维护和监管，减少资源的不合理和过度使用。综上，土地托管服务有利于中低产田改造项目实施的前、中、后全过程，提高项目实施效率和效果。

小农水项目。截至2017年，我国先后实施了多批小型农田水利重点县工程。据中国农村水利网，至2013年，已累计实施重点县项目2050个县次，涉及1730个行政县，基本覆盖全国主要农业大县。土地托管服务有利于小农水项目的实施。项目实施的资金来源主要为中央和地方两部分，如2009~2013年，小农水重点县项目中央累计安排资金470.1亿元，引导地方投入600多亿元，其中地方资金有相当部分来自地方自筹。小农水项目铺设管道、整理沟渠等所需要的自筹资金较多，且项目资金落实的及时性不一，普通农户无法承担项目实施的巨大支出，土地托管组织配套资金较充足，具有资金优势。同时，托管组织有充足的人力、物力，配套设施齐全，在小农水的建设过程中投劳投工比种粮主体更具有优势，服务范围规模化，有利于推动项目的快速实施和大面积推广。另外，土地托管组织专业化、标准化的设施使用及管理，能够抵消部分产权不明晰而导致的资源滥用，有利于项目设施的长期维护监管。

土地托管服务和各项惠农项目的实施具有相互促进作用。一方面，土地托管组织人力、物力、财力较充足，有能力购进项目所需的配套设施，有利于提高项目实施效率、提升项目实施效果、保障项目实施后期的设施维护监管，可以作为项目实施主体推动各项目的落地实施。如2014年，省水利厅、农开办将汶上县、曲阜市各10万亩高产田创建示范方节水灌溉项目交由供销社规划实施。另一方面，各惠农支农项目的落地实施有利于降低粮食种植生产成本，提高粮食产量，增加托管组织和种粮主体收益，双向促进土地托管服务发展。

②土地托管服务有利于托管组织进行自我耕地整治。土地托管不仅有利于国家各项惠农支农项目的落地实施，还有利于托管组织进行小范围自我综合整治，改善土地的生产能力。一方面，土地托管服务组织进行自我耕地整治积极性较高。非国家项目实施区的普通农户由于耕地面积较小、粮食收益较少，自主改善耕地条件的意愿较低。而实行土地托管后，土地连片耕作，进行耕地整治既可以提高托管组织提供各项产中服务的便利性，又可以降低生产成本、提高粮食产量、增加托管组织收

益，所以托管组织进行自我耕地整治的意愿较强。另一方面，土地托管服务组织具有进行小范围自我综合整治的能力，自我耕地整治的可实施性高。托管组织资金较充足、配套设施齐全，在推动国家项目实施的同时，便于利用配套设施进行自我耕地整治，带动更大范围内耕地综合整治。耕地综合整治以后，土地综合生产能力得到提高，从而有利于粮食增产。

以山东省嘉祥县鸿运富民土地托管合作社为例，合作社充分利用自身的资金、人力、物力等优势，严格按照"田成方、林成网、沟渠相通、道路相连、林茂粮丰、旱涝保收"的标准参与小农水项目和万亩农业综合开发区建设。小农水项目区位于马村镇，涉及 16 个村 2.6 万亩耕地，万亩农业综合开发区项目区位于大张楼镇，共涉及新营、曙光、义和、联合、任庄 5 个行政村 1 万亩耕地。鸿运富民土地托管合作社积极参与项目建设，推动项目的实施。合作社共完成中低产田改造 5000 亩，改善灌溉面积 6000 亩，新增有效灌溉面积 3000 亩，实现粮食年增产 80 万公斤。具体地，合作社硬化道路 6 条 16 公里，维修干渠 4 条 10 公里，新砌支渠 3 条 6.8 公里，铺设地下管道 2.5 公里，维修旧机井 35 眼，新打机井 20 多眼，维修加固泵站 3 座，林网植树 4.8 万棵。

鸿运富民土地托管合作社不仅推动了各项国家项目的落地实施，还积极进行小范围的自我耕地整治。以带动义和村耕地整治为例，2009 年，合作社向义和村投资 20 万元，挖排水沟 12.3 公里，铺设沙石路 1.6 公里，修建桥涵 19 处，打机井 10 眼，使 1800 亩农田实现旱能浇、涝能排。合作社利用自身服务面积广、资金充足等优势，积极带动周边服务耕地的综合治理，同时推动非国家项目区和国家项目区耕地整治，更大范围提高耕地综合生产能力，增加了粮食产量。

（2）利于耕地质量的改善

土地托管服务的产生和发展有利于各项绿色农业生产技术的推广实施，改善耕地质量。一方面，托管组织拥有先进的农业机械和专业的农技指导团队，有利于绿色农业技术的研发和科学使用；另一方面，托管土地连片成方、服务面积广大，有利于农业绿色生产技术的大面积推广。绿色农业生产技术可以改善耕地质量，提高粮食产量。如种肥同播、测土配方施肥、水肥一体化、统防统治等技术有利于减少化肥农药使用量，减少土壤污染，保护耕地质量；深耕深松、秸秆粉碎还田等技术有利于提高土壤的蓄水保墒能力，增加土壤养分含量。这些绿色高产高效技术依托土地托管平台既能给种粮主体带来效益，也能一定程度上改善土地质量。以下以深耕深松技术为例，具体分析土地托管服务改善耕地质量。

①深耕深松技术有利于改善土壤质量，提高作物产量。

一方面，深耕深松技术有利于改善土壤的蓄水、保墒能力。深耕深松技术能够加深土壤耕作层厚度，提高土壤含水率，深耕深松技术作业深度比普通耕作增加6～8厘米，含水率比普通耕作提高2.2%①。

另一方面，深耕深松技术有利于增加土壤透气性，防治病虫害。深耕深松技术通过深翻土壤，可以满足作物根系生长所需深度，增加土壤透气性，给作物根系发展提供良好环境；还可以使土壤中的病毒害虫等暴露于表面，借助阳光直射、害虫天敌等消灭地表病虫害，减少化学防虫防害污染。据农业部数据，农田2～3年深松耕作一次，粮食产量可增加10%～20%。

②近年来，我国深耕深松面积不断增加。2014～2016年，我国耕地深耕深松面积逐年增加，其中，2016年新增深松土地1.4亿亩，具体如表5－13所示。

表5－13 深松深耕土地面积新增情况

年份	新增深松土地（亿亩）
2014	1
2015	1.9
2016	1.4

资料来源：调研数据整理所得。

③土地托管服务有利于推动深耕深松技术实施，提升耕地质量。

一是土地托管组织有能力实施深耕深松技术。深松深耕机等大型农业机具，价格较高，土地托管组织有较充足的资金，可以买得起深耕深松机械。而且，托管组织拥有专业的农机手和农技指导人员，可以进行

---

① 李宏、李钢：《机械化深耕深松的重要作用》，载于《吉林农业》2014年第23期，第3页。

深耕深作技术的标准化实施。

二是土地托管组织有动力实施深耕深松技术。一方面，托管组织提供深耕深松服务可以获取相应收益，依托专业化的农机团队、规模化的服务，人工成本和机械折旧成本都相对较低；另一方面，国家出台各项补贴政策，可提高托管组织购买深耕深松机和实施深耕深松技术的积极性。如安徽省 2015～2017 年连续三年将深松机作为重点补贴机具，在购机补贴政策上对农民机手、农机作业服务组织实行购机优先补贴，且对农机深松作业进行补助。其中，2016 年，对深松作业项目县范围内实行深松作业的农机手和服务组织给予 40 元/亩的作业补助①。对农机作业服务组织、农民机手购买实行优先补贴，农机补贴向服务组织倾斜，可增加托管组织购买农业机械的积极性；对实施深松作业的农机手或作业服务组织给予作业补助，有利于提高托管组织深松作业的积极性。

三是土地托管服务有利于深耕深松技术的推广应用，更大范围提升耕地质量。托管组织为种粮主体提供深耕深松服务，可以为农户节约成本，提高作业质量，有利于激发农户参与土地托管服务的积极性，带动更多农户使用深耕深松技术，提升耕地质量。大型深耕深松器械价格昂贵，普通农户无力承担，即使部分资金较充足的小规模种植农户有能力购买，由于知识技能不足无法自己使用机械，需要雇用农机手，雇用成本和使用成本均较高。据汶上县调研数据，一般的农机手 300～400 元/天，雇用成本较高，且普通农户不对外提供服务，作业面积较小，机械折旧成本相对较高。托管组织通过提供深耕深松服务解决了农户买不起机械、不会用机械的问题，且以专业的服务团队为保障提供质优价廉的服务，既可以为农户节约成本，也可以保障作业质量，吸引更多种粮主体参加土地托管。土地托管服务范围的扩大，有利于深耕深松技术的推广应用，更大范围内提升耕地质量，提高粮食产量。

综上所述，耕地质量的保护与改善至关重要，土地托管服务凭借自身服务面积广、实施动力强、推广效果好等优势，促进深耕深松、种肥同播、测土配方施肥、水肥一体化、统防统治、秸秆还田等绿色高产高效技术的推广应用，有利于提高土壤保水保肥能力，改善土地质量，提

①　蔡维：《农机深松整地作业 40 问》，载于《湖北农机化》2016 年第 5 期，第 53～56 页。

高粮食产量，进而保障粮食数量安全。

2. 有利于新型技术的推广与应用

（1）新型农业机械的使用

①新型农业机械的使用有利于提高作业质量和效率，增加粮食产量。农业机械的使用和发展与粮食产量息息相关，先进农业机械的使用可提高作业效率和作业质量，提高粮食产量。

一方面，先进机械作业效率高，作业成本低。以病虫害防治机械为例，不同机械作业，作业效率差异较大。先进机械的日防治作业能力高，作业成本低、效率高。如表5-14所示，使用喷杆喷雾机等机械防治的日作业能力是人工电动喷雾器的40倍，防治成本减少70%；使用无人飞机防治的日作业能力是人工防治的30倍，成本减少70%；有人飞机日作业能力提高1000倍以上，成本降低75%。

表5-14　　　　　不同喷药手段防治作业能力及成本比较

	人工防治	机械	无人飞机	有人飞机	
设备型号	电动喷雾器	喷杆喷雾机 3WSH-1000	及时雨 60-10	A2C	贝尔407
设备购置成本（万元）	0.02	12	12	60	2600
载药量（公斤）	15	400	10	150	600
日防治作业能力（亩）	10	400	300	10000	100000
亩均防治作业成本（元）	20	6	6	5	5

资料来源：调研数据整理所得。

另一方面，先进机械作业效果好，有利于保障粮食产量。先进机械作业效率提高的同时，可以保障作业效果。以病虫害防治为例，病虫害具有突发、多发和重发的特点。若采用普通防治方式，易出现相互串染现象，且存在高秆作物后期施药不便、雨后机械无法进地作业等地理条件限制，采用飞机进行统防统治，可以有效解决上述问题，提高防治效果。先进机械可以解决人工和普通机械无法解决的难题，最大程度上保障作业效果，提高粮食产量。

②土地托管服务有利于先进农业机械的使用，提高粮食产量。土地

托管服务组织凭借自身资金较充足、技术较先进等优势，可以保障先进机械的高效率使用，提高粮食产量。而且，托管组织服务面积广，有利于先进农业机械的大面积推广，更大范围内带动粮食产量增加。

一是土地托管服务组织具有使用先进农业机械的资金和规模优势。托管组织有较充足的资金，有能力购买先进机械。各种大型先进农业机械价格昂贵，精耕细作的普通农户无力承担巨大的投入成本，且普通农户仅小范围小规模使用，不对外提供服务，折旧成本太高，所以普通农户的理性选择是不购买先进机械，而托管组织可以承担较大的设备资金投入，以低成本向农户提供机械服务，解决农户买不起、用不起先进机械的难题。以山东省供销系统数据为例，按每 10 万亩小麦、玉米为 1 个作业单元，1 个作业单元耕、种、收、防、烘干等机械设备总价值 20842 万元，除去社会整合的 70%，30% 的购买投资资金需要 6778 万元，如表 5 - 15 所示。这样规模的机械设备投资对于单个农户和小规模服务组织有难度，但是土地托管服务组织具有相对充足的资金和政策扶持，有能力购进各种先进农业机械。据供销社数据，截至 2016 年 10 月底，山东省供销社系统配备土壤检测设备 960 台套、智能配肥设备 569 台，各类大中型农业机械 9800 台，植保机 562 架，烘干机 230 组。另一方面，部分大型农机适用于大面积耕地，托管组织具有规模优势。普通农户、新型种粮主体和其他小规模农机服务组织耕地面积与土地托管服务组织相比较小，部分大型农机无法使用，土地托管服务组织更具有优势。

表 5 - 15　　10 万亩 1 个作业单元所需要的机械设备投资测算

主要环节	作业周期（天）	所需机械（台套）	单价（万元）	价值（万元）	社会整合（70%）	需要投资（万元）
耕地	15	130	10	1300	910	390
玉米播种	7	204	3	612	428	184
玉米收获	15	85	10	850	595	255
小麦收割	7	140	12	16680	11676	5004
飞机喷药	15（跨区）	10	65	650	455	195
烘干及周转仓	—	—	—	750	—	750
合计	—	—	—	20842	14064	6778

资料来源：山东省供销社调研数据。

二是土地托管服务拥有专业的农机服务团队，实施标准化作业，质量高、效果好。先进农业机械使用的技术要求较高，普通农户由于知识能力等有限，无法准确掌握全部农业机械的使用技能，或者部分农机手或服务组织存在会操作机械但是作业不规范等问题，导致作业质量较差。而土地托管服务组织拥有专业的农机服务团队，包括操作技能娴熟的农机手、专业的农技指导人员等，内部管理制度规范，作业标准明晰，有利于规范化使用机械，专业化、标准化作业，保障作业质量和效率，提高粮食产量。

三是土地托管服务面积广，有助于先进农业机械的推广使用，更大范围提高粮食产量。一方面，如前所述，土地托管服务可以满足大型机械大面积作业的要求。部分大型机械需要大面积作业，普通农户的小规模分散地块无法使用，只有依托土地托管服务平台，土地集中连片，才能实现大型机械规模化作业。另一方面，土地托管服务可以满足种粮主体低成本使用先进农业机械的需求，吸引更多种粮主体参加土地托管。以山东省供销系统病虫草害防治环节为例，传统的背负式喷雾器，每个工作日可作业15亩；采用自走式延展喷雾机，每个工作日可作业近200亩，每亩次可节省4元，每年按4次计算，可降低人工成本16元；而机防、飞防作业成本比人工防治低40%~80%，药物成本低20%[①]。土地托管服务组织以低价格提供高质量、高效率服务，促进粮食增产、农民增收，有利于提高种粮主体参加土地托管的积极性，带动更多农户使用先进机械，更大范围内提高粮食产量。

（2）新型农资及种植技术的应用

①新型农资和种植技术的应用能够提高粮食产量。科技是第一生产力，技术革新对于一个行业的发展至关重要。同样，在农业发展中，农资和种植技术的更新和发展关乎粮食产量的提高。以山东省供销系统为例，据《人民日报》报道，推行良种每亩粮食作物可增产20%~30%；采取种肥直播、宽幅精播等技术，减少了种子使用量，产量提高10%左右；通过智能测土配肥，增产10%~15%；粮食烘干技术使小麦提

---

① 《山东省供销合作社综合改革试点工作资料汇编：农业服务规模化创新工程篇》，山东省供销合作社联合社2015年版，第14~15页。

前7天收获，玉米实现早种晚收，小麦、玉米亩均增产10%[1]；采取深耕深松、秸秆还田技术等可以改善土壤质量，提高土壤肥力，实现增产增效。

②土地托管有利于新型农资和种植技术的推广应用，提高粮食产量。新型农资和种植技术是对原有技术的更新和完善，依托土地托管服务平台，不同的技术对农业生产发展有着不同程度的促进作用，此处以测土配方、智能施肥技术为例，具体分析土地托管有利于新型技术的推广应用，提高粮食产量。

一是使用测土配方、智能施肥技术能够使小麦亩均增产16.0%、玉米亩均增产11.8%。实施测土配方、智能施肥技术，有利于协调作物需求与养分供应，做到精准配肥、按需施肥，为作物生长提供良好的营养环境，增加粮食产量。如表5-16所示，实施测土配肥后，小麦每亩增产16.0%，玉米每亩增产11.8%。

表5-16 测土配肥产量增加表

农作物	用肥方式	亩均产量（公斤）	产量增幅（%）
小麦	传统用肥	500	16.0
	测土配肥	580	
玉米	传统用肥	550	11.8
	测土配肥	615	

资料来源：调研数据整理所得。

二是土地托管服务能够实施测土配方、智能施肥技术。一方面，土地托管服务组织具有能够实施测土配方、智能施肥技术的硬件条件。如前所述，土地托管服务组织有较充足的资金有能力购买测土配方、智能施肥设施，而且托管服务组织通过提供测土配肥技术获利空间较大，经营收益较高，有动力购买测土配肥设施。如2016年底，山东省供销系统配备土壤检测设备960台套、智能配肥设备569台，以粮食作物每年用100公斤肥料计算，每年开展测土配肥1万亩即可获净收入25.9万

---

① 《山东省供销合作社综合改革试点工作资料汇编：经验篇》，山东省供销合作社联合社2016年版，第68~69页。

元（见表5-17）。另一方面，土地托管组织有能够实施测土配方、智能施肥技术的内在条件。托管组织具有专业的农机服务团队，可以掌握测土配肥器械的标准使用方法，按照作物需求、土壤质地配肥施肥，有利于提高肥料利用率，提高粮食产量。所以，土地托管服务能够高质量地实施测土配肥、智能施肥技术。

表5-17　　　　　　　　智能配肥经营效益对比

项目	测土配肥	备注
销售/供应价格（元/吨）	2707	
生产/采购成本（元/吨）	2316	
毛利润（元/吨）	391	
推广测土配肥1万亩年净利润（元）	259000	按每亩每年用肥100公斤计算

资料来源：山东省供销社调研所得。

三是土地托管服务有利于测土配方智能施肥技术的大面积推广应用，提高粮食产量。一方面，土地托管服务组织较其他生产性服务组织规模大，服务面积广，有利于测土配方施肥技术的大面积应用，提高测土配肥应用范围内的粮食产量。另一方面，土地托管服务提供高质高效的测土配肥技术，为农户节本增收，能够激发更多农户参加土地托管的积极性，进一步扩大测土配肥技术的应用范围，更大范围内带动粮食产量的增加。土地托管服务组织提供的测土配肥技术，配方肥价格低且施用量少，可以为农户节约农资成本。托管服务组织从生产厂家购进尿素、氯化钾等原料肥，加工成配方肥后直接送达农户手中，可以减少分级代理等中间环节，降低交易费用，减少成本。据山东省供销社调研资料显示，使用测土配方肥，大田作物可节省肥料成本323元/吨，经济作物可平均节约353元/吨。同时，托管服务组织实施的测土配肥技术能增加作物产量，增加托管农户收入。以2016年下半年玉米价格、2017年春季小麦价格为例，平均价格分别为0.8元/斤、1.16元/斤，实施测土配肥后，如表5-18所示，玉米、小麦亩均增产分别为11.8%、16.0%，分别增收11.8%和15.9%。综合来看，粮食作物平均年亩产增加13.9%，亩均收入增加13.85%。土地托管服务组织提供的测土配肥技术为农户节本增收效果明显，能够在一定程度上起到示范带动效应，吸引更多农户参加土地托管，使用测土配肥技术，更大范围内实现粮食增产。

表5-18　　　　　　　　　　　测土配肥增产增收表

农作物	用肥方式	产量（公斤/亩）	收入（元/亩）	增产（%）	增收（%）
小麦	传统用肥	500	1160	16.0	15.9
	测土配肥	580	1345		
玉米	传统用肥	550	880	11.8	11.8
	测土配肥	615	984		

资料来源：调研数据整理所得。

综上来看，测土配方、智能施肥技术能够提高粮食产量，依托土地托管服务平台，可以带动更多农户使用测土配方、智能施肥技术，在更大范围内实现粮食增产。以上仅仅是以测土配肥新技术为例，其他各种新技术也有同样的作用机理，大型先进机械或者具有高标准化专业化技术要求的新技术，其推广和应用也需要土地托管服务为载体，土地托管服务通过推进各项新技术的研发和使用，促进粮食增产、农民增收，保障粮食安全。

3. 有利于提高粮食烘干仓储效果，减少产后损失

通过深耕深松、水肥一体化、测土配方、智能施肥、统防统治等先进机械和技术的采用可以提高粮食单产，通过推平垄背、改造沟渠等可以实现种植面积增加，这两方面都可以提高粮食总产量，但是要保障粮食数量的有效供给，减少粮食产后晾晒、仓储环节的损失也同样重要。

（1）烘干服务可有效解决粮食晾晒问题

①粮食晾晒存在一定问题。

一是晾晒场地不足。据中国小麦网数据，我国每年收储季节因晾晒不及时造成的粮食损失达420亿斤。近年来，随着各种新型种粮主体的兴起和发展，粮食产量不断增加，晾晒场地不足成为制约粮食顺利收储的一大问题。如表5-19所示，对84家新型种粮主体调研数据显示，有45.2%的新型种粮主体表示晾晒场地不足。

103

表 5－19　　　　　　　新型种粮主体晾晒仓储条件自评情况

	总样本个数	充足（有）		不充足（没有）	
		样本个数	比例（%）	样本个数	比例（%）
晾晒场地	84	46	54.8	38	45.2
仓储条件	84	48	57.1	36	42.9
烘干设备	84	5	5.9	46	94.1

资料来源：调研数据整理所得。

二是传统晾晒方式容易遭受二次污染和破碎问题。我国传统粮食晾晒方式主要是场院晾晒和公路晾晒，在晾晒过程中容易出现粮食破碎和二次污染等问题。目前，随着农业发展和土地托管服务的兴起，粮食晾晒方式呈现多样化，但仍以传统晾晒为主。以山东省为例，如表 5－20 所示，超过一半的新型种粮主体没有专门的晾晒场地，34.5% 的新型种粮主体选择在马路上晾晒，17.8% 的采用风干方式，仅有 6% 的新型种粮主体选用机械烘干。相比粮食耕种收、灌溉等田间管理环节的机械化水平，我国粮食烘干机械化发展水平仍相对较弱，且传统晾晒方式容易受作业场地和天气条件影响，损耗率在 10% 以上，无法满足现代化农业发展需要，导致我国粮食产后损失巨大。

表 5－20　　　　　　　　新型种粮主体主要晾晒方式

晾晒方式	样本个数	比例（%）
专门场地	30	35.7
马路	29	34.5
机械烘干	5	6.0
风干	15	17.8
其他	5	6.0

资料来源：调研数据整理所得。

三是专业晾晒机械投资较大，单个生产主体难以购置。粮食使用机械烘干可以免受阴雨天气影响，提高晾晒效率，减少因晾晒不足和不及时引起的粮食损失，而且专业机械烘干的粮食具有容重高、耐储存等优点。但是专业烘干成本较高,单个生产主体难以承担。一方面,专业烘干设备价格昂贵,虽有补贴,购置成本仍较高,种粮主体和小规模的生产组织无力承担。另一方面,专业烘干设备仅在收储时使用,若不提供对外服务折旧成本较高。种粮主体买不起、用不起机械的问题使得专业机械烘干发展受限。我国自 2004 年就开始推广粮食烘干技术,但每年采用机械烘干的谷物量仅占全国粮食总产量的 1% 左右,远远低于发达国家 95% 的水平①。

②土地托管通过提供烘干服务,可减少产后损失。

一是粮食机械烘干技术的应用需要依托土地托管服务组织。一方面,土地托管组织具有资金优势,设备停驻等配套设施齐全。烘干塔等大型粮食烘干设备价格高昂,且因体积大、占地面积较大。普通农户、新型种粮主体以及大部分小规模服务组织难以承担巨大的投资成本,即使部分服务组织有能力购买,烘干设备的停驻等配套设施不足,存在无处安置的问题。而土地托管服务组织具有较充足的资金,有能力购进粮食烘干设备,且有政府审批的建设用地为机械安置和停驻提供场所。另一方面,土地托管服务组织服务面广,机械使用折旧成本较低。烘干塔等粮食烘干设备容量大,不适合种粮主体自购使用,而且,粮食收获晾晒期集中且较短,粮食烘干设备每年可使用时间较短,其他小规模社会化服务组织服务面积小,烘干设备使用成本较高。而土地托管服务涉及面广,粮食烘干数量和使用频率相对较大,使用成本相对较低。所以,粮食机械烘干技术的应用需要依托土地托管服务,课题组调研过程中也发现,主要是土地托管服务组织提供机械烘干服务,以山东省供销系统为例,据供销社统计数据,2014 年新上烘干设备 20 多台套,日烘干能力 5535 吨,截至 2016 年底,购置烘干机 230 组,粮食日烘干能力 3 万吨,两年间,增加烘干机 210 组,粮食日烘干能力增加 24465 吨。

二是土地托管服务组织有利于粮食机械烘干技术的推广应用,带动更多农户减少粮食损失。一方面,土地托管本身服务面积大,有利于粮食机械烘干技术的大面积应用,提高粮食晾晒率,减少粮食晾晒损失。另一方面,土地托管组织提供机械烘干服务既能增加自身收益,也能使作物增产增效、降低损耗,为农民增收,吸引更多农户参与土地托管,

① 《粮食烘干机或成未来农村机械购买主要方向》,2015 年 10 月 13 日,http://www.sohu.com/a/38923426_105919。

推广使用机械烘干服务，更大范围内减少粮食数量损失。以山东省郓城县众邦农业发展有限公司为例，2015 年，公司夏季蜡熟收麦 1000 吨，秋季收购烘干鲜玉米 5000 吨，两季共烘干 6000 吨，折合面积 1.2 万亩，公司对小麦、玉米两季服务的纯收入约 350 ~ 400 元/亩。在给托管服务组织自身带来利益的同时，也能实现种粮食增产、为农户增收。据山东省供销系统资料，使用粮食烘干塔，小麦可以在蜡熟期收获，提前播种玉米 5 ~ 10 天，夏玉米适当晚收，可使小麦、玉米各增产 10%，而且，玉米烘干后，每斤可增值 0.1 元左右，每亩可增收 120 元。土地托管服务为托管农户带来收益，可以为其他非托管农户起到示范作用，带动更多农户参与土地托管服务，有利于扩大粮食机械烘干技术的使用范围，更大范围内提高粮食晾晒率，减少粮食因晾晒不足、晾晒不及时、晾晒方式不当等造成的数量损失。

土地托管服务有利于先进机械的应用和推广，实现粮食烘干机械化。可以在保证粮食成色和品质的前提下，提高作业效率，降低粮食的破损和消耗，实现提质增产，保障粮食安全。

（2）仓储服务可减少粮食产后损失

土地托管组织提供的生产性服务不仅仅局限于产前、产中，产后服务也在不断发展完善，并取得了一定成果。土地托管组织提供的代储代销服务有利于改善仓储设施、扩大仓储库容、减少霉变等收储损失。

①粮食产后仓储面临问题。

一方面，每年农户储粮环节损失近 400 亿斤，浪费巨大[①]。据国家粮食和物资储备局数据，由于设施简陋、抛洒浪费、过度或粗放式加工等，我国每年在储粮、储运、加工三个环节造成的粮食损失至少在 700 亿斤以上。其中，农户储粮环节损失 400 亿斤，占比 57.2%（见图 5 - 2）。

另一方面，新型种粮主体规模化经营，粮食存储设施不足。近年来，随着新型经营主体规模化经营，粮食产量的增加给农户粮食存储增加了难度，据课题组调研数据，有 42.9% 的农户表示粮食仓储条件不充足（见表 5 - 19）。所以，完善粮食仓储服务尤为重要。

---

① 李红：《粮食储藏过程中存在的问题及解决办法》，载于《现代职业教育》2016 年第 33 期，第 320 ~ 321 页。

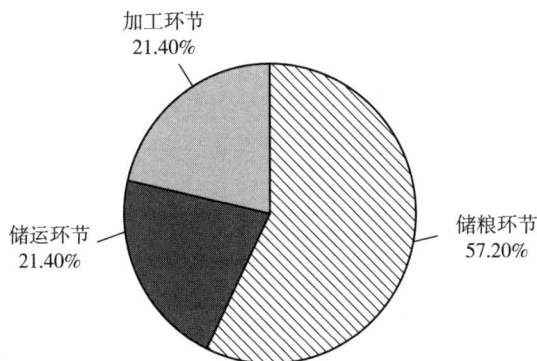

加工环节
21.40%

储运环节
21.40%

储粮环节
57.20%

图 5-2 粮食产后主要损失情况

资料来源：国家粮食和物资储备局。

②土地托管服务组织有利于改善仓储设施、扩大仓容，减少粮食损失。

一是完善仓储设施有利于减少储粮损失。据国家粮食和物资储备局数据，截至 2015 年，农户科学储粮工程推广使用储粮仓 817 万套，每年减少储粮损失近 9 亿公斤，使农户储粮损失率降低至 1.5%[①]。尽管如此，2015 年粮食产量 62143.92 万吨，粮食存储的供需矛盾仍然尖锐，需要多元化的仓储服务组织（如土地托管组织）提供仓储服务。

二是土地托管服务组织拥有较好的仓储条件。托管组织仓储空间较大、库容充足。政府（以山东省为例）为支持农业生产性服务业发展，在政策上为大部分土地托管组织审批农业基础设施建设用地，且相对单个的粮食种植者，托管组织的资金也相对充足，可以建设现代化的仓储设施。以山东省供销系统为例，截至 2016 年 10 月，全系统已在粮食主产区建设粮库库容 136 万吨，仓储能力已达 146 万吨。同时，托管组织建设的粮库储粮设施先进。托管组织建设的粮仓，粮食存储设备更加标准化、专业化，如拥有环流熏蒸系统、通风机、谷物冷却机等设备，可以实现计算机测温、机械通风等。托管组织既有资金支持有能力购入各种先进设备，又具有专业的技术指导人员、科研人员，能够准确掌握粮食存储条件要求和设备使用注意事项。

三是土地托管服务组织提供代储代销服务有利于缓解储粮难题，减

107

---

① 《科学储粮每年减少粮食损失 9 亿公斤》，载于《工人日报》2015 年 10 月 15 日。

少粮食损失。一方面，托管组织提供代储代销服务可以解决新型种粮主体粮食无处存放的问题。新型种粮主体粮食产量大，自身存储设施不足，随地堆放容易造成粮食质变，减少可食用粮食数量。托管组织为新型种粮主体提供仓储服务，既可以减少因无处存放而导致的粮食损失，又为农户待价而沽提供便利，使种粮主体可以选择粮价高时出售粮食，增加收入。另一方面，托管组织提供代储代销服务可以缓解部分收储企业库容不足的压力。当前，大部分种粮农户选择粮食（尤其是小麦）收获后直接售卖给经销商，短时间内粮食大量集聚容易导致收储企业库容不足。托管组织提供的代储服务可以有效扩大库容，且托管组织先进的粮食仓储设备、专业化的仓储管理可以保障粮食的仓储质量，减少粮食数量损失。

5.1.3 土地托管保障粮食数量安全的计量研究

保障粮食数量安全最主要的是保障粮食供给数量，粮食供给数量受前述生产环节、产后仓储晾晒环节等多方面影响，但考虑到数据的可获得性与准确性，本部分计量部分将仅针对生产环节进行测算。从粮食生产环节看，土地托管保障粮食数量安全主要表现为粮食产出增加。而粮食产出增加的关键在于提升粮食生产技术效率（杨万江，2017）。为此，本部分将构建随机前沿生产函数，运用SFA"一步法"探究土地托管对粮食生产技术效率的影响，以此验证土地托管保障粮食数量安全的效果。

1. 数据来源与样本特征

（1）数据来源

依托国家社会科学基金项目"保障粮食安全视角的土地托管运行机制与发展模式研究"，笔者及其他课题组成员于暑假期间赴山东省汶上县、嘉祥县、邹平县、高密市、齐河县、宁阳县等十余县（市、区）展开实地调研。调研前，指导教师对课题组成员针对问卷内容、调查方法、访谈技巧以及调研中可能遇见的一系列问题进行了统一培训，参与调研人员具备相对专业的素质。调研地点选取山东省十余个产粮大县，样本村和样本农户均通过随机抽样的方法选定，样本具有良好的代表性。调研过程中主要采取入户面对面访谈、调研人员逐一勾画记录的形式，问卷的准确性较高。

鉴于新型种粮主体数据较少，且与普通农户具有较明显差别，本部分将仅主要以小麦作物为例，探究土地托管保障粮食安全的效果。剔除重要数据缺失、数据有误以及当年小麦种植面积为零的样本，最终剩余有效问卷 279 份。问卷内容涵盖完整的农户家庭和农业投入产出信息，主要包括户主性别、年龄、受教育年限等个人特征；家庭耕地面积、非农收入占比等家庭经营特征；农户参加托管情况；小麦种植投入情况（农药、种子、化肥等物质费用投入情况，各环节劳动力投入情况、机械投入情况等）以及小麦产出销售情况等。

（2）样本特征

①样本农户决策者个体特征。种粮决策者个体特征会影响农户家庭种粮决策，关乎农户是否种粮、是否托管、托管程度、化肥农药用量等家庭生产行为，进而对粮食的产量、质量具有重要影响。

性别。性别差异一定程度上会影响农户的风险偏好程度，进而影响农户对于新事物（如土地托管、新型农业技术等）的接受程度，影响粮食生产。被调查样本农户中，种粮决策者以男性为主。279 户样本农户中，种粮决策者为男性的样本数量为 237 户，占总样本的 84.95%。

年龄。决策者年龄不同，生产经验的丰富程度、劳动技能熟练程度以及从事农业生产的体力投入情况等会产生差异，从而对粮食生产活动具有不同程度的影响。被调查样本农户中，决策者年龄主要集中在 40~70 岁之间，均值为 55.37 岁。如图 5-3 所示，决策者年龄在 50~60 岁之间的样本农户数量最多，达 104 户，其次为 60~70 岁之间，共 92 户，二者之和占总样本的比例超过 70%。40 岁以下和 70 及以上的样本数量较少，分别为 9 户和 15 户，占比不足 10%。

自评身体健康状况。样本农户采取随机抽取形式获得，调研中针对决策者身体健康状况进行了专门调查。结果显示，被调查样本农户中，有 81.77% 的农户自评身体健康状况很好，仅有 0.55% 的农户认为自身健康状况较差，种粮决策者的身体健康状况总体较好（见图 5-4）。

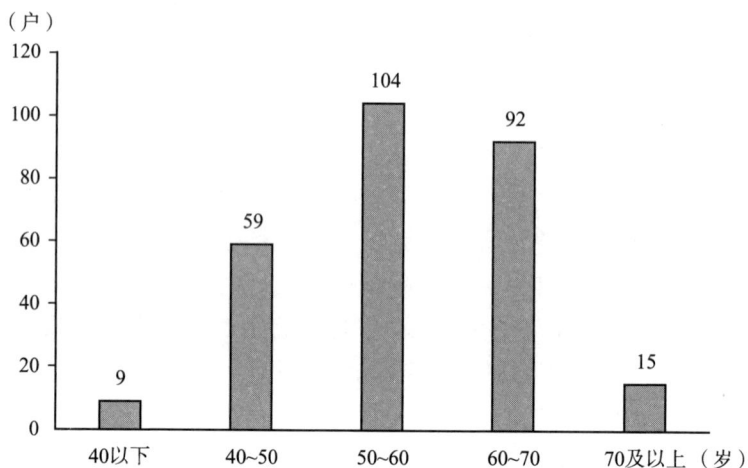

图5-3 样本农户年龄分布情况

资料来源：调研数据整理。

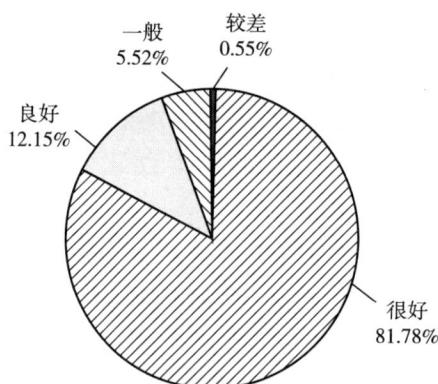

图5-4 样本农户自评身体健康状况

资料来源：调研数据整理所得。

受教育程度。文化程度的高低影响农户对于农业生产活动的认知，对农户的生产行为决策具有重要影响。被调研样本农户中，大部分种粮决策者文化程度为初中及以下水平，比重超过90%。如图5-5所示，小学及以下文化水平的农户比例最多，占56.27%。接下来，依次为初中水平、高中及中专水平、大专及以上水平，比例分别为37.99%、5.02%、0.72%。

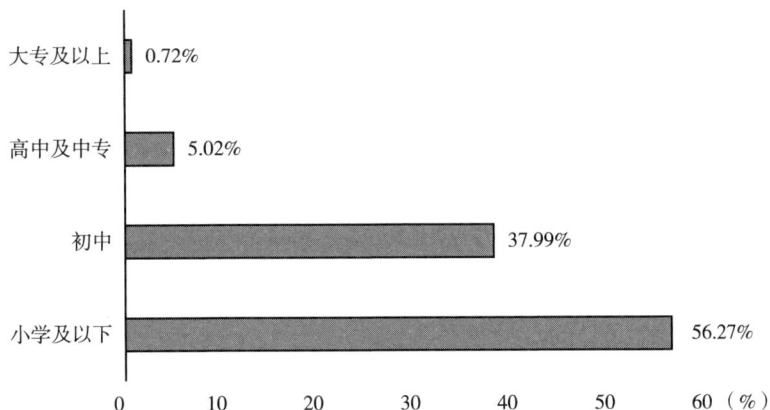

图 5 - 5　样本农户受教育情况

资料来源：调研数据整理。

②样本农户家庭经营特征。

家庭耕地面积。我国长期以来实行家庭联产承包责任制，决定了我国以家庭经营为主的小农经济模式。家庭拥有耕地面积的大小可能会影响农户物质资本投入和先进农业技术采纳的积极性，进而影响粮食的产出和质量。被调研样本农户主要为普通种粮农户，家庭耕地面积最多的为 47 亩，最少的为 0.5 亩。其中，耕地面积在 10 亩以下的农户比例超过一半，达 56.27%，30 亩及以上的农户样本较少，占比为 8.6%（见图 5 - 6）。

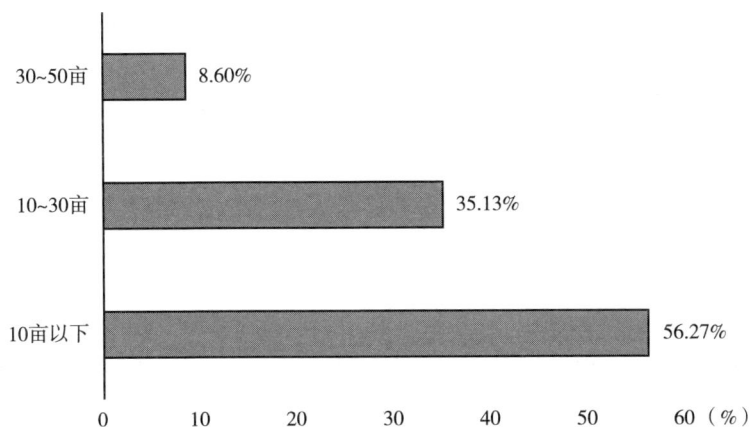

图 5 - 6　样本农户耕地面积分布情况

资料来源：调研数据整理。

　　家庭收入情况。农户家庭收入不仅取决于农业生产收入，随着城镇化的推进，非农兼业收入也成为农户家庭收入的重要组成部分。被调查样本农户中，有91.76%的农户表示，在农闲时会外出打工或经商。农户家庭总收入对农业生产投入具有直接影响。样本农户中，有超过一半的农户家庭收入主要来源于非农收入，非农收入占家庭收入比重在50%以上的样本共有178户，占总样本的比例达63.80%，仅有8.24%的样本农户非农收入占比小于10%（见图5-7）。

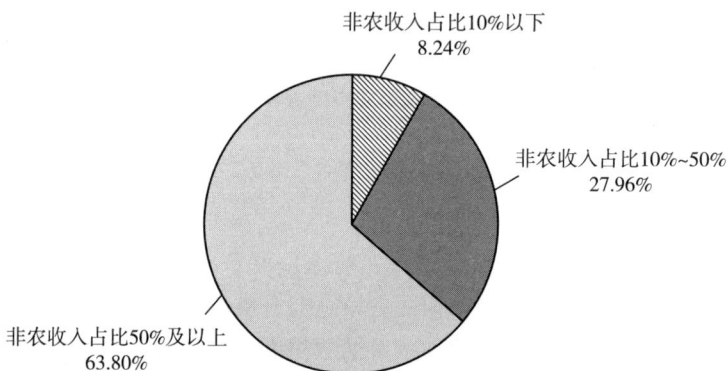

图5-7　样本农户家庭收入情况

资料来源：调研数据整理所得。

　　③样本农户托管情况。被调查样本农户中，参加土地托管的农户共有245户，占总样本的比例达87.8%，其中，半托管的农户189个，全托管农户56个。总体来看，未托管、半托管、全托管占比分别为12.19%、67.74%、20.07%（见图5-8）。参加托管农户的比例高于全国平均水平，主要是由于调研地点均为土地托管开展较为成熟的县（市、区），土地托管开展程度相对较高。

　　④投入产出情况。被调查样本农户的个体特征、家庭经营特征、托管情况等各不相同，种粮投入和产出也具有较大差异。具体地，如表5-21所示，托管农户、半托管农户、全托管农户的平均亩产量分别为538.53公斤、592.78公斤、608.48公斤，依次呈递增趋势，且半托管农户和全托管农户的亩产均高于总体平均亩产；亩均物质费用投入分别为261.29元、255.16元、209.67元；亩均资本投入分别为173.76元、156.35元、122.56元。可以看出，托管农户的亩均产量水平高于

不托管农户,亩均投入水平低于不托管农户,说明土地托管农户的产量
高,投入低。

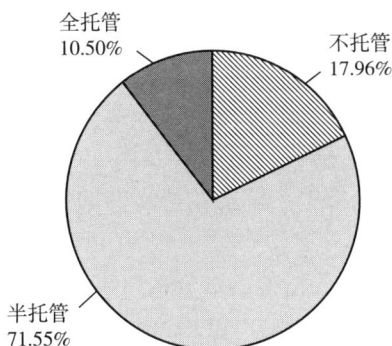

图 5 - 8 样本托管农户托管情况

资料来源:调研数据整理所得。

表 5 - 21 不同托管形式样本农户的亩均投入产出情况

亩均产出投入	不托管农户	半托管农户	全托管农户	总体
产出(公斤)	538. 53	592. 78	608. 48	589. 32
总物质费用(元)	261. 29	255. 16	209. 67	246. 78
资本(元)	173. 76	156. 35	122. 56	151. 69
劳动(元)	108. 24	73. 33	24. 07	67. 70

资料来源:调研数据整理所得。

2. 模型构建与变量选取

(1)模型构建

当前,学术界常用的基于生产前沿面测度生产技术效率的方法主要
有参数方法(SFA)和非参数方法(DEA)两种。DEA 方法通过求解
线性规划来确定生产前沿面,可以分析多投入多产出的生产,简便易
行,但是无法剔除随机因素对产出的影响,结果的准确性较差。SFA 通
过具体的生产函数形式确定生产前沿面进而测算生产技术效率,可以考
虑随机因素对产出的影响,准确度较高。农业生产易受多种环境因素影
响,且粮食生产为多投入单产出的模式,因此,本部分选择随机前沿生

产函数模型（SFA）测算粮食生产技术效率。为直接反映土地托管对粮食生产技术效率的影响，此处采用科埃利和巴特塞（Coelli and Battese, 1995）提出的同时估计技术效率及其影响因素的"一步法"随机前沿分析（即 BC95 模型）。

首先，构建随机前沿生产函数模型。随机前沿模型常用的生产函数有 CD 生产函数和超越对数生产函数。考虑到粮食生产投入要素较多，CD 生产函数更为简便、适合，借鉴杨万江、李琪（2017）研究新型经营主体生产性服务对水稻生产技术效率影响的方法，选择 CD 生产函数模型，具体形式如下：

$$\ln Y_i = \alpha_0 + \alpha_{1i}\ln W_i + \alpha_{2i}\ln K_i + \alpha_{3i}\ln L_i + v_i - u_i \qquad (5-1)$$

式（5-1）中，Y_i 为 i 农户亩均产出，W_i、K_i、L_i 分别表示亩均物质费用、机械投入和劳动投入，α_{ki} 为待估参数。误差项 v_i 为传统的随机扰动项，表示各种随机因素对生产前沿面的影响，服从独立正态同分布，$v_i \sim N(0, \delta^2)$。误差项 u_i 为非技术效率项，用于衡量技术的无效率效应。第 i 个农户的技术效率值 T_i 为：

$$T_i = Y_i/\exp[f(\ln X_i) + v_i] = \exp(-u_i) \qquad (5-2)$$

其次，构建技术效率影响因素模型，进一步探究土地托管对技术效率的影响。假定式（5-1）中 u_i 服从半正态分布，$u_i \sim N(m_i, \delta^2)$，且影响因素之间独立分布，则技术效率损失模型为：

$$u_i = \delta_0 + \sum \delta_k Z_{ki} + w_i \qquad (5-3)$$

其中，Z_{ki} 是影响技术效率的变量，δ 为截距项和待估参数，k 为变量顺序，w_i 为随机误差项。若待估参数系数为负，说明变量对技术效率损失有负向影响，即表示对技术效率有促进作用。

（2）变量选取与说明

①选取随机前沿生产函数模型变量，主要涉及粮食生产的投入产出变量，具体说明情况如下：

小麦亩均产量。作为产出变量，其值为当年农户实际每亩小麦产量。

物质费用。作为投入变量，为当年农户每亩实际花费的物质费用总额，具体包括种子、农药、化肥等除机械和劳动投入之外的所有物质投入费用。

机械投入。作为投入变量，为当年度农户从事小麦种植每亩实际投入的机械费用之和，包括自有机械、雇用机械、购买服务机械等所有机械费用的折价。

劳动投入。作为投入变量，为当年度农户从事小麦种植每亩实际投入的劳动费用之和，包括雇用劳动、购买服务劳动折价和自有劳动折价（按照当地劳动力市场价格）。

②选取技术效率影响因素模型变量，主要有：

托管程度。本部分主要关注土地托管对粮食生产技术效率的影响，故将土地托管服务参与情况作为主要指标纳入技术效率影响因素模型。根据实际调研情况，农户主要有不托管、半托管、全托管三种形式，将其分别赋值为 1、2、3，代表不同的托管程度。

户主性别。现有文献表明，劳动力性别对技术效率有显著影响。农业生产一定程度上是体力劳动，相对于男性，女性劳动力体力较差，且需要照顾子女，家务负担较重，对技术效率有负面影响（彭代彦、吴翔，2013），但同时，女性劳动力从事非农兼业活动较少，专注于农业生产，更有利于精耕细作，对技术效率有正面影响（彭代彦、文乐，2016）。因此，将户主性别以虚拟变量的形式放入模型，男性、女性分别赋值为 1、0。

户主年龄。一方面老龄劳动力体力较青壮年差，存在"老化效应"，可能会降低技术效率，另一方面年龄较大的农户经验丰富、劳动技能熟练，存在"积累效应"，可能会提高技术效率，劳动力年龄对技术效率损失影响呈倒"U"形（郭晓鸣、左喆瑜，2015）。劳动力年龄是影响农业生产技术效率的重要因素，因此，本部分放入户主实际年龄作为研究变量。

户主文化程度。户主文化程度是影响技术效率的重要因素，文化水平高的农户在技术、信贷及市场信息利用方面具有优势，可以提高农业技术效率（肖小勇、李秋萍，2012），但同时，其非农就业机会多，投入农业生产的时间和精力较少，对农业技术效率可能会有负向影响（郭晓鸣、左喆瑜，2015）。因此，将户主文化程度变量放入模型，并依据小学及以下水平、初中、高中及中专、大专及以上水平分别赋值为 1、2、3、4。

兼业程度。农户兼业会造成劳动供给不足和粗放经营，不利于实用技术的推广应用，对农业技术效率有负向显著影响（李谷成等，2012）。但同时，兼业程度高的农户家庭总收入高，从事农业生产的总投入可能会更高，从而有利于农业生产。兼业程度也会影响生产技术效率，因此，将普通农户兼业程度作为变量放入模型。兼业类型的划分参照现有文献，按照非农收入占家庭收入的比例将农户划分为纯农户、一兼农户和二兼农户三类，非农收入占比小于10%为纯农户，10%~50%为一兼类农户，50%以上为二兼类农户（杨万江、李琪，2018），并分别赋值为1、2、3。

耕地面积。农户耕地面积的大小会影响农户能否使用大型农业机械，是否会采用更先进的农业技术，是否会投入更多的时间精力从事农业生产等，影响粮食生产技术效率。故将耕地面积纳入模型，并以农户实际耕地面积表示。具体变量说明如表5-22所示。

表5-22　　　　　　　　　　　变量说明与描述

	变量缩写	变量说明	平均值	标准差
产出（公斤/亩）	Y	亩均小麦产量	589.32	37.62
物质费用（元/亩）	W	亩均种子、农药、化肥等物质投入费用	247.18	29.93
资本费用（元/亩）	K	亩均机械投入费用	151.18	20.62
劳动费用（元/亩）	L	亩均劳动投入费用	67.29	33.05
户主性别	Z1	男=1，女=0	0.85	0.36
户主年龄	Z2	户主即决策者实际年龄	55.65	9.30
文化程度	Z3	小学及以下=1，初中=2，高中及中专=3，大专及以上=4	1.50	0.63
兼业程度	Z4	纯农户=1，一兼农户=2，二兼农户=3	2.56	0.64
托管程度	Z5	不托管=1，半托管=2，全托管=3	2.08	0.56
耕地面积	Z6	实际耕地面积	11.49	9.45

3. 模型估计结果与分析

基于上述模型设定及变量分析，运用Frontier 4.1软件对随机前沿生产模型进行估计，估计结果如表5-23所示。估计结果中，γ值为0.9197，且广义似然比检验结果在1%水平下显著，表明样本农户确实存在生产无效率现象，利用"一步法"随机前沿函数模型进行估计是恰当的。

表 5 – 23　　　　　　　　　　随机前沿生产函数估计结果

变量	系数	标准误	t 值
C	5. 6422	0. 1251	45. 0891
lnW	0. 1180 ***	0. 0231	5. 1057
lnK	0. 0488 *	0. 0255	1. 9119
lnL	− 0. 0256 ***	0. 0059	− 4. 3141
C	0. 4671	0. 1052	4. 4378
Z1	− 0. 0257	0. 0211	− 1. 2190
Z2	− 0. 0021 *	0. 0013	− 1. 6544
Z3	− 0. 0092	0. 0140	− 0. 6551
Z4	0. 0398 **	0. 0171	2. 3347
Z5	− 0. 2224 ***	0. 0437	− 5. 0900
Z6	− 0. 0021 *	0. 0013	− 1. 6830
sigma-squared	0. 0066	0. 0016	4. 0252
gamma	0. 9197	0. 0265	34. 6717
Log（likelihood）	487. 58		
LR test of the one-sided error	191. 95		

注：＊、＊＊、＊＊＊分别表示在10%、5%、1%水平上显著。

①随机前沿生产函数模型估计结果，如表 5 – 23 所示，种子、农药、化肥等物质费用投入和机械投入对产出有显著正向影响，而劳动投入对产出具有显著负向影响。说明当前样本农户小麦生产中，产出增加主要依靠种子、农药、化肥等物质投入和机械投入，劳动投入已经不再是影响小麦产出增加的主要因素。而且，劳动投入与小麦产出具有负向关系，劳动投入越多，小麦产出反而会降低。这与事实情况较为相符，小麦是生产机械化程度较高的粮食作物，较高的机械投入（如使用大型、先进农业机械）可以增加粮食产出，而过多的人工投入，会降低生产效率，造成资源的浪费，不利于粮食产出的增加。

②技术效率影响因素模型结果，土地托管对粮食生产技术效率具有

117

显著正向促进作用。如表5-23所示，技术效率影响因素模型中，土地托管对技术效率损失有负向影响，并在1%的显著性水平上显著，说明土地托管对技术效率有显著的正向促进作用，即参加土地托管，实现规模化经营，有助于提高小麦生产技术效率。

户主年龄、兼业程度和耕地面积均对技术效率有显著影响。其中，年龄和耕地面积对技术效率有正向影响，并都在10%的显著性水平下显著。说明户主年龄越大，种植经验相对更丰富，小麦生产技术效率更高，年龄的"积累效应"更为显著；家庭耕地面积耕地面积越大，农户对农业生产的投入（时间、精力、机械等）更多，且与小农户相比，更容易实现规模化生产，生产技术效率更高。而兼业程度对生产技术效率有显著负向影响，在10%的显著性水平下显著。说明农户兼业不利于小麦生产技术效率的提高，兼业程度越高，对农业生产的投入相对越少，产出越低，生产技术效率越低。

户主性别和文化程度对技术效率有正向影响，但都不显著。一方面，可能是由于样本农户户主性别大多为男性，女性样本较少，存在一定偏差；另一方面，种粮比较收益低，男性、文化程度高的农户可能更倾向于选择从事非农生产，抵消了部分性别和文化程度对生产技术效率的正向促进作用。

③托管农户生产技术效率高于不托管农户。所有样本农户的平均生产技术效率值为0.9473，选择不同托管形式的农户生产技术效率产生差异。如表5-24所示，首先，全托管农户平均生产技术效率最高，效率值为0.9812；其次，是半托管农户，平均值为0.9523；最后，不托管农户的平均生产技术效率值最低，平均为0.8669。全托管农户、半托管农户、不托管农户的平均生产技术效率值依次递减，说明土地托管可以提高农户的生产技术效率，且托管程度越高，平均生产技术效率越高。

表5-24 不同托管形式技术效率水平测算

组别	样本个数	平均效率	标准差
不托管	34	0.8669	0.0668
半托管	190	0.9523	0.0326

组别	样本个数	平均效率	标准差
全托管	55	0.9812	0.0167
总体	279	0.9473	0.0509

5.2 土地托管有助于保障粮食质量安全

"民以食为天，食以粮为先，粮以质为本"。在追求粮食数量安全的同时，粮食质量安全也直接关系到人民群众的身体健康和生命安全，对确保国家粮食安全、社会稳定具有重要意义。

但是，近几年，粮食质量安全问题层出不穷，如"毒粮食""镉大米"事件等，给人们敲响警钟。粮食质量安全难以保证最主要的表现为粮食污染，如农药残留超标、重金属污染、霉变等。保障粮食安全首先需要保证粮食不受污染。本部分重点就土地托管如何有利于减少粮食污染展开论述，从农业投入品的合理使用、耕地质量的提升、产后晾晒仓储条件的改善三个方面分别阐述土地托管如何有利于保障粮食质量安全。

5.2.1 有助于农业投入品的合理使用，减少粮食药残超标

化肥、农药等生产资料投入和粮食产量息息相关，我国粮食产量的"十二连增"离不开各种农业投入品的使用，但是过于追求产量而造成的农业投入品的滥用和不规范使用引发了一系列问题，其中最突出的便是药残超标问题。

农药作为最常用的农业投入品之一，对于粮食种植过程中病虫草害防治具有重要作用。但是，农药的不合理使用又会直接导致粮食药残超标，影响粮食的质量安全、危害人类健康。本节将重点从产前保障农资质量、产中推动农资合理高效使用两方面，分别论述土地托管如何有利于农药等农业投入品合理使用，减少粮食药残超标，保障粮食质量安全。

1. 土地托管有利于从源头上保障农资质量

从农资供应角度来看，土地托管服务实施统一管理，统一供应农资，可以从源头上保障农资质量。一方面，土地托管服务可以减少违禁农药的使用；另一方面，土地托管服务可以避免假冒伪劣农药的使用。

（1）土地托管可以减少高毒违禁药品的使用

高毒违禁农药毒性高、灭虫效果好，但是具有药性高、残留强等特点，会直接导致粮食的药残超标，危害人类健康。近年来，我国先后禁用了高毒高风险农药 39 种，如滴滴涕（DDTs）、六六六（HCHs）、百草枯等，但是目前我国农业生产中仍有高毒和违禁农药在使用。一方面，由于我国面积广阔，作物类型复杂，病虫害多发（据资料显示，每年平均发生病虫害约 1.8 亿~1.86 亿公顷次①），病虫防治仍有较大需求。另一方面，随着经济发展，城镇化进程加大了农村劳动力非农就业机会，非农收入增加，农民不愿意进行收效较慢且需反复的劳作，更愿意选择见效快又便捷的高毒农药甚至是违禁农药。这些高毒违禁农药的使用直接导致了粮食的药残超标现象，使粮食质量受损。

土地托管服务的发展可有效解决上述问题。实行土地托管服务后，由土地托管组织实施统一管理，统一供应农资，有利于减少高毒违禁农药的使用。一方面，托管服务组织选用高毒违禁农药的代价大、动机小，可以保证自身使用安全高效农药。托管服务组织在与农户签订托管协议时往往会承诺托管土地的产量、粮食销路等，使用违禁农药造成粮食药残超标，会影响粮食销售和托管组织的信誉。从长远来看，托管组织作为一个营利组织，使用高毒违禁药品的代价比普通农户大，自身没有动机选用高毒高风险违禁农药。另一方面，土地托管服务面积广，可以带动更多农户使用安全农药，扩大不使用违禁农药的范围，从而减少粮食药残超标问题，保障粮食质量安全。

（2）土地托管可以减少假冒伪劣农药的使用

目前存在的病虫草害防治效果不好、过度使用农药问题，部分是由于使用假冒伪劣农药导致的。部分农资供应商受利益驱动，低价出售假冒伪劣农药，欺瞒消费者，农户盲目选择此类农药，防治效果不佳，就

---

① 周泽义、梁建平、盖良京：《北京市食品中农药污染和控制对策研究》，载于《北京农业科学》2001 年第 3 期，第 22~25 页。

会出现擅自加大剂量、重复喷洒农药等现象，导致粮食农药残留超标，危害人类健康。土地托管服务提供农资供应服务，可以从根本上解决该问题。土地托管服务组织服务范围广、农资需求量大，在选择农资时比普通农户更为谨慎，一般与农资生产公司直接签订合同，选用优质高效农药。一方面，与生产商直接签订合同，交易环节少，可以有效避免农资在二级及下层代理商间出现问题的风险；另一方面，从农资生产商角度看，土地托管服务组织具有长期使用大量农资的需求，与农资生产商存在长期合作的可能性，农资生产商向其提供劣质农药的概率较小。所以，土地托管服务可以从根本上保障农药质量，杜绝假冒伪劣产品，并在保证质量的基础上节约成本，带动更多农户使用安全高效农药，减少药残超标。

2. 土地托管有利于及时精准用药，减少农药使用量，提高使用效率

从农资使用角度来看，实行土地托管后，进行统一打药，针对不同土质、不同生长阶段、不同作物品种用不同方法施用不同种类不同剂量的农药，可以在保证粮食产量的同时，减少农资使用量、提高农资使用效率，进而保障粮食质量安全。

（1）土地托管有利于及时精准用药

①病虫害种类繁多，土地托管服务可以做到精准用药。由于我国面积广阔，气候多变，作物类型复杂，病虫害种类繁多，不同地区、不同时间、不同作物生长阶段病虫害种类不同，且呈现突发、多发、重发、频发的态势。普通农户知识能力等有限，无法准确了解病虫害特征，在农药种类的选取上具有盲目性。实行土地托管服务后，托管组织有专业的科研人员和病虫害防治机构，可以根据作物生长周期充分了解病虫害特征，并针对病虫害的不同抗药性水平选取合适的农药种类和剂量，做到对症下药，提高防治效果。

②病虫害防治具有时效性，土地托管服务可以做到及时防治。病虫害的产生具有突发性特征，且传播速度快、危害大，必须做到及时防治。大部分普通农户尤其是以粮为辅的普通农户由于种粮收益低、以其他工作为主，往往会出现提前打药或延时打药现象，错过病虫害防治的最佳时机。实行土地托管服务后，专业的托管服务组织能够及时发现病虫害灾情，并针对病虫害特征及时进行防治，作业效率高，

防治效果好。

（2）土地托管有利于减少农药使用量、提高农药使用效率

①土地托管服务通过专业化统防统治，平均减少农药使用量 20%。据农业部数据，2012～2014 年用于病虫害防治的农药使用量年均 31.1 万吨（折百），较 2009～2011 年提高 9.2%，农药的过量使用会直接导致粮食的农药残留超标，影响粮食质量安全。土地托管服务通过推广使用新型植保机械，进行专业化统防统治，可以减少农药使用量。以统防统治为例，如表 5 - 25 所示，人工使用电动喷雾器防治亩均农药使用量 50 克，相比于人工防治，喷雾机防治可以减少农药使用量 10%，飞防作业可减少农药使用量的 40%。

表 5 - 25　　　　　　　　土地托管后农药使用量对比

防治方式	亩均农药使用量（克）	农药减少量（克）	比例（%）
电动喷雾器	50	—	—
喷杆喷雾机	45	5	10
无人机	30	20	40
有人机	30	20	40

资料来源：山东省供销合作社调研数据。

②土地托管服务通过新型绿色防控技术的推广应用，可以提高农药使用效率。农业部有关数据显示，我国三大粮食作物病虫害专业化统防统治覆盖率达 35.5%，农药平均利用率为 35%[①]。传统的农业耕作方式如使用背负式喷雾器喷洒农药，农药喷洒不均匀，会造成农药的大量流失，利用率不高。实行土地托管后，使用无人机等先进植保机械，有利于农药的均匀喷洒，减少流失浪费，提高农药使用率；同时，采用统防统治技术，可以避免地块之间互相串染，提高防治效率。如据山东省供销系统测算，土地托管服务组织通过提供飞防服务，可以使作业效率提高 600 倍，有效防治率达 96%[②]。

---

① 资料来源：农业部《到 2020 年农药使用量零增长行动方案》。

② 《山东省供销合作社综合改革试点工作资料汇编：农业服务规模化创新工程篇》，山东省供销合作社联合社 2015 年版，第 136～137 页。

5.2.2　可推动土壤质量的改善，减少粮食重金属污染

粮食重金属污染是影响粮食质量安全、威胁人类身体健康的又一重要因素。近年来，我国不断爆发的粮食重金属污染事件，如"镉大米""毒粮食"等事件，给人们的消费安全、身体健康造成了很大影响。粮食重金属污染直接来源于土壤重金属污染，土壤重金属污染从农业角度来看，主要来源于化肥的不合理施用。所以，合理规范施用化肥对于减少粮食重金属污染有重要意义。本节研究我国粮食重金属污染的现状与原因，并重点从农资使用量、使用结构、使用效率等方面论述土地托管如何促进农资合理规范使用，减少粮食重金属污染，进而保障粮食质量安全。

1. 我国粮食重金属污染的现状与原因

据第十一届中国经济法律论坛数据，全国每年遭受重金属污染的粮食达 1200 万吨，损失约 200 亿元人民币。粮食重金属污染主要来源于土壤重金属污染，常见的有镉、铅、汞、铬、砷等重金属污染。近年来，我国耕地土壤重金属污染整体情况不容乐观，主要是由于化肥的不合理施用造成的。

（1）全国耕地土壤重金属污染情况较严重，危害较大

目前，我国耕地土壤重金属污染整体情况不容乐观。有资料显示，我国耕地重金属污染面积达 2000 万公顷，占耕地总面积的 1/6[①]。其中，湖南省和河南省最为严重。湖南省郴州市砷污染区砷含量达 63.9 毫克/公斤，远远超过国家规定的 0.24 毫克/公斤，砷含量严重超标[②]。其他地区也存在不同的重金属污染问题，如广州受铬、砷、汞等重金属污染的耕地达 50% 以上，安徽省芜湖市鸠江区早稻谷中铅含量为 1.59 毫克/公斤，超过国家食品卫生标准规定的铅含量限值 1 毫克/公斤等。粮食受重金属污染，影响摄入者（包括人）的健康安全，严重者还会致

---

① 张春梅：《我国目前土地所面临的问题与原因的分析》，载于《神州（下旬刊）》2011年第 1 期，第 41~45 页。

② 栗云端：《我国农业生产中粮食质量安全问题分析》，载于《中国农业资源与区划》2014 年第 4 期，第 36~39 页。

癌、致畸、诱发基因突变等，危害巨大。

（2）化肥的不合理施用是耕地重金属污染的主要原因之一

耕地重金属污染的来源有工业生产、农业生产等多个方面，此处只分析由农业生产活动造成的土壤重金属污染。农业生产活动中，化肥的不合理施用是造成耕地重金属污染的主要原因之一。有研究表明，全球每年进入土壤的镉总量为 66 万公斤施用化肥进入的比例高达 55%[1]。

如前所述，目前我国化肥滥用现象较严重，主要表现为化肥施用量过多、施用结构不合理和施用效率低下等，这些不合理使用直接加剧了土壤的重金属污染，增加了粮食重金属含量超标的风险。而且，长期单一施用某种肥料会增加土壤中重金属的活性，加剧土壤的重金属污染。如施用磷肥会增加砷的移动性、降低土壤酸碱度，长期过量施用磷肥会增加土壤含镉量，增加粮食受镉、砷等重金属污染的概率。另外，使用重金属含量高的农业投入品会直接增加土壤的重金属含量，影响粮食质量安全。综上，化肥的过量施用、不规范施用（如抛撒、表施等）、长期单一施用等均会导致和加剧土壤重金属污染，进而导致粮食重金属污染，危害人类健康。

2. 土地托管有助于化肥等农资的合理使用，改善重金属污染问题

化肥的不合理施用是造成耕地重金属污染的主要原因之一，解决粮食的重金属污染问题需要从合理规范使用化肥开始。土地托管服务通过推广使用新型绿色农业技术，改善化肥施用方式，减少化肥施用量、优化化肥施用结构、提高化肥施用效率，从而降低粮食重金属污染风险，保障粮食质量安全。

（1）土地托管有利于减少化肥施用量

我国是世界上化肥生产和施用最多的国家。如前所述，2015 年我国化肥施用总量 6022.6 万吨，单位耕地的化肥施用量为 446.1 公斤/公顷，是国际安全使用水平（225 公斤/公顷）的 2 倍。化肥的过度施用易导致土壤重金属含量超标，造成粮食的重金属污染，影响粮食质量安全，危害人类健康。

土地托管服务组织通过对托管土地进行测土配方、智能施肥，可以

---

① 栗云端：《我国农业生产中粮食质量安全问题分析》，载于《中国农业资源与区划》2014 年第 4 期，第 36~39 页。

减少化肥施用量。如安徽省萧山县 2016 年秋种推广小麦测土配方施肥面积 115 万亩，其中 65 万亩施用配方肥，减少化肥用量 690 吨（折纯），增收小麦 3335 万公斤[①]。另外，据课题组调研数据测算，土地托管后，实行测土配肥后，如表 5 - 26 所示，小麦亩均化肥施用量为 53 公斤/亩，减少 20.1%，玉米亩均化肥施用量减少 21.4%。综合来看，以小麦、玉米轮作为例，每亩全年可减少化肥施用量 41.5%。

表 5 - 26　　　　　土地托管实施配方施肥前后化肥使用量对比

农作物	用肥方式	化肥使用量（公斤/亩）	化肥投入额（元/亩）	使用量减少（%）	投入额减少（%）
小麦	传统用肥	66	174	20.1	21.0
	测土配肥	53	137		
玉米	传统用肥	62	154	21.4	19.5
	测土配肥	49	124		

资料来源：调研数据整理所得。

（2）土地托管有利于优化肥料施用结构

如前所述，我国目前化肥施用结构不甚合理，氮肥、磷肥施用量过高。农户传统施肥中普遍存在着重化肥、轻有机肥，重大量元素肥料、轻中微量元素肥料，重氮肥、轻磷钾肥的"三重三轻"问题，造成土壤养分含量不均衡。如 2015 年化肥施用中，氮肥施用最多，钾肥施用最少（见图 5 -9）。而且部分肥料的长期单一施用还会造成土壤酸化，增加土壤中重金属活性，导致粮食重金属含量超标，影响粮食质量安全。

土地托管服务通过测土配方，按照缺什么补什么的原则，推广使用配方肥，有效改善了上述化肥施用结构不合理的问题，减少了粮食的重金属污染。一方面，土地托管服务组织有能力有动力推广使用测土配方、智能施肥技术，实施精准智能施肥，科学配置氮肥、磷肥、钾肥、复合肥等。另一方面，托管服务组织推广使用缓释肥料、水溶肥料、有机无机复合肥、生物肥料等高效新型肥料，减少普通农户惯用的低浓度

---

① 《安徽萧县：化肥用量减农业效益增》，载于《安徽日报》2017 年 6 月 30 日。

普通氮磷钾肥，可以改善土壤养分结构，减轻粮食重金属污染。另外，土地托管服务面积广，有利于上述测土配肥技术和高效新型肥料的推广应用，带动更多农户改变肥料施用种类，优化肥料施用结构，保障粮食安全。

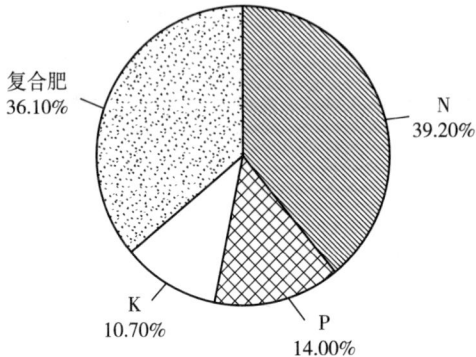

图 5-9 2015 年全国化肥施用结构

资料来源：中国统计年鉴（2016）。

（3）土地托管有利于提高化肥利用率

如前所述，目前我国化肥利用率不高。据农业部数据，2015 年，我国化肥平均利用率为 35.2%。较低的化肥利用率会导致农户重复施肥，增加化肥施用次数和数量，引起重金属污染，影响粮食质量安全。而造成化肥利用率低的原因主要是农户不能按需施肥和施肥方式不当。课题组调研发现，一方面，部分普通农户选择肥料种类的依据主要是以往经验和别人推荐，具有较强的盲目性，且存在长期施用某种单一肥料的现象。盲目选用肥料种类或者长期施用某种肥料可能会导致作物不需要、不吸收，肥料利用率低。另一方面，普通农户的传统施肥方式主要是撒施、表施、"一炮轰"等，会导致肥料大量挥发流失，不利于作物吸收，肥料利用率低。

实行土地托管服务后，土地连方成片，有利于托管服务组织推广使用测土配方、智能施肥技术，做到精准按需施肥，提高肥料利用效率，避免重复施肥。同时，有利于种肥同播、水肥一体化等绿色高效施肥技术的推广使用，改变传统施肥方式，减少肥料流失浪费，提高各种肥料利用率，减少重金属污染。如通过土地托管服务组织开展测土配方施肥，粮食作物的氮肥、磷肥和钾肥利用率分别提高 5% 、12% 、10% （见表 5 - 27）。

表5 - 27 土地托管前后氮磷钾肥利用情况

肥料种类	传统施肥（%）	测土配方（%）	提高（个百分点）
N	38	33	5
P	12	24	12
K	32	42	10

资料来源：调研数据整理所得。

综上所述，实行土地托管服务后，可以在专家的指导下进行专业的土壤理化性质分析，选择适合的作物品种和最优的耕作方式。采用测土配肥技术进行精准配方，推广使用缓控释肥、水溶肥料、有机无机复合肥、配方肥等高效新型肥料，采用水肥一体化等高效施肥技术，可以减少化肥施用量，优化施用结构，提高施用效率，从而减少耕地重金属残留和累积，降低粮食的药物残留和重金属污染风险，保障粮食质量安全。

5.2.3 有助于减少因晾晒仓储问题造成的粮食产后质量下降

粮食因晾晒不足、仓储设施差不仅会造成粮食产后的数量损失（具体如5.1.2 中的3 所述），也会造成粮食产后质量下降，主要表现为粮食霉变、二次污染、虫鼠害污染及化学污染等。减少粮食产后晾晒仓储环节质量下降问题，需要改善晾晒仓储条件。本节分析当前晾晒仓储不足或不当引发的质量下降情况和危害，重点论述土地托管如何通过提供烘干服务和仓储销售服务，改善晾晒仓储问题，来减少产后质量损失、保障粮食质量安全。

1. 晾晒仓储不足或不当引发粮食质量下降

如前所述，目前我国粮食晾晒和仓储等产后环节存在晾晒不足、晾晒方式不当、仓储设施不足、仓储条件较差等问题，这些问题导致了粮食产后霉变、二次污染、虫鼠害污染、化学污染等质量下降问题，影响粮食质量安全，危害人类身体健康。

（1）晾晒不足或不当易引发粮食霉变或二次污染

①晾晒不足易引发粮食霉变。未经晾晒的粮食含水量较高，大量堆放会产生呼吸作用，发潮发热。充足的水分、空气、适宜的温度易滋生各类霉菌，霉菌分解利用粮粒中的营养成分，进行旺盛的代谢作用，产生大量代谢产物和热量，使粮食迅速劣变，即发生霉变。粮食霉变后会发生重量变轻、变色、变味等物理性状变化，还会产生品质劣变。如非还原糖减少、脂肪酸和酸度升高、维生素损失、蛋白质变性等食用品质劣变，霉变小麦加工成的面粉，面筋质含量与质量下降，影响发酵和烘烤性等加工工艺品质劣变等。其中一些产毒霉菌还可能产生毒菌毒素，造成粮食真菌毒素（主要是黄曲霉素、镰刀菌素等）超标。长期食用霉变、真菌毒素超标的粮食，会破坏人体免疫功能甚至有致癌风险，危害巨大。

②晾晒方式不当易引发粮食二次污染。如前所述，大部分普通农户采用场院晾晒、马路晾晒等传统晾晒方式，易遭受砂石、泥土、杂物、尾气等二次污染，影响粮食的品质和品相。

（2）仓储不好易导致粮食霉变及虫鼠害污染、化学污染

①仓储设施不足、仓房返潮等易导致粮食发芽、霉变。仓储设施不足导致粮食大量堆放，粮食发潮发热，仓房返潮会导致粮食水分增多，二者均易滋生霉菌，发生霉变，影响粮食质量安全（前面已经详细叙述过，此处较为类似，不再赘述）。

②密闭性不好等较差的仓储条件易引发虫鼠害污染，且使用化学药剂防治虫鼠害，易产生化学污染。密闭性不好的仓储环境容易滋生粮虫（如玉米象、米象等）、出入老鼠等，虫鼠啃食粮食会直接损害粮食质量，而且虫鼠的排泄物也会污染粮食，致使粮食质量受损。另外，部分农户和粮食收纳库点在储藏过程中会使用化学试剂杀虫，如磷化氢熏蒸剂，使用过量化学药剂防治虫鼠害，会产生化学污染，致使粮食质量下降，危害人体健康。

2. 土地托管有助于解决晾晒仓储不利问题，保证产后粮食质量

土地托管服务组织有能力购置机械烘干设备、改善粮食仓储设施，

有动力提供机械烘干服务和仓储、销售服务，减少因晾晒和仓储问题引发的粮食质量下降，保障粮食质量安全。

（1）烘干服务可缓解晾晒问题引发的粮食质量下降

土地托管服务组织通过提供专业的机械烘干服务，可以有效缓解上述因晾晒问题引发的粮食霉变、二次污染等质量下降问题。如前所述，专业机械烘干设备的购置成本、使用成本均较高，资本投入较大，单个生产主体难以承担，专业机械烘干设备的购置、烘干服务的实施需要依托土地托管服务组织。

一方面，土地托管服务组织通过提供烘干服务，既能缓解普通农户务农劳动力不足或体力有限而无法晾晒的困难，也能解决新型种粮主体因粮食产量大、晾晒场所不足无法晾晒的问题，进而减少因晾晒不足导致的粮食霉变，保障粮食质量。另一方面，通过机械烘干服务还能解决传统晾晒中粮食的二次污染问题。专业机械烘干的粮食可以避免泥土、砂石、车辆尾气等二次污染，具有含水量均衡、容重高、破损率低、耐储存等特性，可有效减少收获环节的粮食污染。而且，专业烘干服务可以自由选择粮食的烘干程度、决定粮食水分含量，不同粮食的安全水分不同，不同含水量的粮食安全储存期也不同，土地托管服务组织较种粮主体有更丰富的专业知识和经验。

综上，土地托管服务组织有能力、有动力提供烘干服务，且土地托管服务有利于烘干技术的推广应用，更大范围内减少因晾晒问题引发的粮食质量损失，保障粮食质量安全（前面已有详细论述，此处不再赘述）。

（2）仓储和销售服务可减轻仓储问题引发的粮食质量下降

土地托管服务组织通过提供仓储和销售服务，可以有效减少上述因仓储问题导致的粮食霉变、虫鼠害污染、化学污染等质量下降问题。如前所述，种粮主体和粮食收纳库点共同面临着仓储设施落后、仓储条件不好的问题，其中新型种粮主体还存在着储粮设施不足的困难，极易造成上述的三类污染。土地托管服务组织依托自身仓储空间大、库容充足、储粮设施先进等优势提供仓储和销售服务，一方面可以解决新型种粮主体仓储不足的问题，减少因粮食堆放霉变导致的质量损失。另一方面可以解决仓储设施落后、仓储条件不好问题，从而减少虫鼠害和化学污染，减少粮食污染（前面已有详细论述，此处不再赘述）。

129

另外，土地托管服务组织具有专业的技术指导人员和防霉防虫技能，有利于减少粮食质量损失，安全储粮。以防霉为例，粮食的安全储藏需要较严苛的条件，粮堆不同的水分、温度、氧气和二氧化碳浓度，都对微生物的生命活动有不同的影响，而这些条件以及微生物的性质，种粮主体可能并不能全部了解，无法精确控制防霉条件，易出现霉变等质量损失。土地托管服务组织具有专业的技术指导人员，能够有效控制适合粮食仓储的温度、水分、氧气浓度。如谷类收储中，粮食水分需控制在13%以下，氧气浓度适宜在0.2%~2%之间或二氧化碳浓度适宜在40%~80%之间，需做到仓温、粮温、气温三温协调等。

综上，土地托管服务组织凭借较充足的仓容、先进完备的仓储设施、专业的技术指导和防霉防虫技能等优势，提供仓储和销售服务，可以减少粮食仓储过程中的霉变、虫鼠害污染、化学污染等，降低粮食质量损失，保障粮食质量安全。

5.2.4　典型案例

山东省是我国粮食主产区之一，也是土地托管服务大省。至2016年底，仅山东省供销系统土地托管服务面积达2107万亩，建成为农服务中心855处。其中，郓城县是位于鲁西平原的粮食种植大县，粮食种植面积达120万亩，占全县耕地面积的80%。郓城县土地托管服务发展较成熟，截至2016年底，已建成为农服务中心12处，共有17座粮食仓库（总容量12万吨）、15座粮食烘干塔（日烘干粮食2000吨）、6架无人植保飞机、12台智能配肥机、150台大型农业机械，并整合社会农业机械400台（套），服务面积达42万亩，其中95%为半托管。

以郓城县运营状况较好的张营供销合作社为例。张营供销合作社自2010年开始土地托管服务，截至2016年底，服务范围覆盖全县8个乡镇11个片区，服务规模达5万亩，是集农资供应、代耕代种、烘干收储销售、农技培训于一体的综合服务中心，提供产前、产中、产后三个环节全程服务。本部分将从农业投入品的合理使用、土地质量的改善、晾晒方式的优化和储藏条件的改善四个方面探究张营土地托管如何保障粮食质量安全。

1. 张营供销社提供测土配肥服务, 有利于农业投入品的合理使用

供销社拥有 1 套 1 万吨的测土化验、智能配方终端一体机, 为托管农户提供测土化验和智能配肥服务, 按照土壤类型、作物种类, 实行科学配置、精准施肥。一方面, 通过测土配肥, 可以减少化肥施用量。以玉米为例, 如表 5 - 28 所示, 供销社利用测土配肥技术, 后期不再追肥, 较不参加托管的普通农户可减少化肥投入量 30 斤/亩, 成本节约 41.6 元/亩。另一方面, 通过测土配肥技术, 供销社推广使用缓控释肥、微量元素肥等新型高效肥料, 可以优化化肥施用结构、提高化肥利用率。所以, 供销社通过测土配肥等先进技术的推广使用, 保障了农业投入品的合理使用, 有利于改善粮食的重金属污染问题, 保障粮食质量安全。

表 5 - 28　　张营供销社托管种植与农户自己种植化肥投入对比

| | 底肥 | | 追肥 | | 化肥总使用量 | 投入合计 |
	用量（斤）	单价（元）	用量（斤）	单价（元）	（斤/亩）	（元/亩）
供销社	80	1.25	0	—	80	100
当地市场	80	1.56	30	0.56	110	141.6

资料来源: 张营供销社调研数据所得。

2. 张营供销社依托先进农业机械, 推广使用绿色高产高效技术

供销社领办众邦农机合作社, 配备大量先进农业机械设备。购置大型农机 24 台（套）, 吸收社会大型农机 12 台（套）, 拥有 6 架无人植保飞机, 为托管农户提供深翻旋耕、播种施肥、灌溉植保、收获运输、秸秆还田等全过程农机服务。依托先进机械, 推广使用绿色高效生产技术, 有利于保护和改善土壤质量, 减少粮食药残超标等污染。如为农户提供专业统防统治服务, 采用无人机飞防作业, 统一供药, 既能保证不使用高毒高残留农药, 又能减少农药用量, 提高农药利用率, 保障防治效果, 减少粮食药残超标等污染。

3. 张营供销社提供烘干、仓储服务, 有利于减少粮食产后质量损失

供销社拥有 2 座粮食烘干塔, 日烘干能力 250 吨, 3 座粮食仓库,库容 4600 吨。依托大型烘干设备、完善的仓储设施以及标准化的仓储管理为农民提供粮食烘干和仓储服务，有利于解决粮食产后因劳动力不足无法晾晒、无场地晾晒、无场地存储、存储条件差等难题，减少因霉变、虫鼠害污染、熏蒸剂化学污染等造成的粮食质量损失。

除此之外，张营供销社还积极进行绿色农业生产技术培训。供销社建有 200 平方米的农技培训中心，与农技推广部门、农研院所合作，为农户提供绿色农业生产技术培训。带动更多农户推广使用高效低毒农药、新型绿色环保肥料、掌握先进绿色生产技术，有利于更大范围内保障粮食质量安全。

5.3 土地托管有助于保障粮食营养（品质）安全

随着经济的发展，人们不再仅仅满足于"吃得饱"，越来越多的人开始追求"吃得安全""吃得营养"。前者要求要保证粮食质量安全，后者则要求保证粮食营养安全。营养失衡在国际上被称为"隐性饥饿"，严重者会导致人体免疫力下降、智力低下、身体发育障碍等，所以保障粮食营养安全既是保证人类健康的必要条件，也是满足人们消费需求变化的需要。中国卫生部、联合国儿童基金会联合发布的《维生素和矿物质缺乏危害中国评估报告》表明，中国有 2.5 亿人口受"隐性饥饿"危害，10 年内直接造成经济损失达 21787 亿元，相当于 2001 年GDP 的 2.9%[①]。

近年来，我国粮食总量上逐渐实现了紧平衡，但结构性失衡的问题越来越严重。2015 年我国粮食产量实现"十二连增"，2016 年粮食总产量 61623.9 万吨，粮食总量较高，但仍不能满足需求，2007～2015 年连续九年呈净进口状态（见表 5-29）。这主要是由于粮食的结构性失衡造成的，低品质普通粮大量积压，而高品质高营养的优质粮、专用粮供不应求，需要大量进口，如表 5-29 所示，小麦从 2009 年开始由净出口转变为净进口，水稻从 2011 年开始由净出口转变为净进口，粮食的

---

① 《粮食营养安全问题不容忽视》，载于《人民政协报》2009 年 3 月 9 日。

结构性失衡问题日益严重。

表 5 - 29　　　　近二十年全国主要粮食净进口情况　　　单位：万吨

年份	粮食	小麦	水稻	玉米
1996	-208.7	824.6	49.6	28.2
1997	-135.2	186	-61.3	-661.7
1998	-381.2	148.3	-349.3	-443.5
1999	1920.3	44.7	-254	-423.5
2000	970.7	72.2	-270.9	-1029.1
2001	-139.7	2.6	-159	-596.1
2002	-197	-34.5	-174.6	-1166.7
2003	-31.5	-206.7	-234.8	-1640
2004	-61.7	616.9	-14.2	-232.2
2005	959.2	293.4	-16	-863.8
2006	-14.5	-89.7	-52.1	-303.4
2007	171.2	-297.2	-85.5	-488.6
2008	2731.1	-26.7	-64.2	-22.3
2009	2464.7	65.9	-42.3	-4.6
2010	2939.4	95.4	-23.4	144.6
2011	2561.5	93	8.2	161.8
2012	3751.7	341.6	209	495.1
2013	4894.8	525.7	179.3	318.8
2014	6420.3	281.4	216	257.9
2015	6102.5	288.4	309	471.9

资料来源：《中国粮食年鉴》(2016)。

造成这一现象的原因主要是普通农户和部分新型种粮主体不愿或者不会种植优质粮。保障粮食营养安全需要解决粮食结构性失衡问题，即需要充足的优质粮供给。本章将从除用粮企业以外的种粮者（即普通种粮农户、种粮大户、家庭农场、专业合作社）和用粮企业两个角度分别研究土地托管如何促进优质粮供给，保障粮食营养安全。

5.3.1 有助于普通农户等种粮者选种优质粮

如前所述，种粮农户分为普通种粮农户和种粮大户、家庭农场、专业合作社、龙头企业等新型种粮主体。其中，普通农户等种粮者（除用粮企业以外）均仅是粮食供给者，占粮食供给方的大多数，对于我国粮食的营养结构起决定性作用。所以，研究普通农户等种粮者的优质粮种植对保障粮食营养安全有重要意义。本节从供种、田间管理、销售三个角度分别探讨土地托管如何有助于普通农户等种粮者选种优质粮，保障粮食营养安全。

1. 从供种的角度

（1）种粮农户普遍存在选种困难的问题

普通种粮农户、种粮大户、家庭农场和专业合作社，作为粮食的供给方，粮种的选择直接决定了粮食的营养安全结构。但是课题组调研中发现，目前大部分粮食种植决策者尤其是以粮为辅的普通种粮农户不会也不愿花精力来区分何为良种、何为普通种子，选种时主要依据以往经验和别人推荐，跟随别人盲目种植的行为较普遍。虽然，部分新型种粮主体有选择种植优质粮的意愿，但有时也难以辨认不同种子的特性。

（2）土地托管组织提供供种服务，从源头保障粮种优质

①部分托管组织自身与科研院所等有合作，可以提供优质种子供应。以山东省供销社为例，前身是农资供应站，现在作为供销系统改革试点，开展土地托管业务，积极与山东省农科院围绕农业科技成果转化、良种繁育推广等重点领域展开合作，与山东省科学技术厅围绕玉米、小麦等大宗作物良种选育、繁育和推广，联合建立与现代农业规模化服务相配套的良种繁育基地，形成育、繁、推一体化机制。

②托管组织与大企业发展订单农业，带动普通种粮农户种植农业企业提供的优质粮种。托管组织托管地块连方成片且面积较大，有利于实行标准化作业，可以满足大型用粮企业规模化生产所需的大量原料，容易与大型农业企业签订订单。企业所需粮食品种具有较高的专用性，托管组织可以依托订单农业，带动种粮者选种优质粮。如山东省嘉祥县万张供销社与马海村委共建联润农作物种植合作社，依托共建的示范种植

基地，在托管面积 4600 亩的土地上发展订单农业。土地托管可以提供优质种子供应，从源头上推动种粮者选种优质粮。

2. 从田间管理的角度

（1）种粮农户普遍存在优质粮不会种的问题

优质粮的品质特性不同于普通粮，所需要的水肥条件、种植技术等要求也不同于传统的粮食作物。课题组调研中发现，部分农户不选择种植优质粮的原因就在于优质粮种植技术要求相对较高，运用传统耕作方式会导致优质粮产量低，农民收益得不到保障。

（2）土地托管组织凭借农机农技等优势，可以指导或者代耕代种优质粮

①优质粮种的种植技术要求不同于普通粮种。以小麦为例，小麦的品质可以分为营养品质和加工品质两方面，而根据加工品质的不同，又可以分为强筋小麦、中筋小麦和弱筋小麦三种。我们常见的做馒头用的小麦一般为中筋小麦；弱筋小麦适用于制作饼干、糕点等酥脆柔软的食品；强筋小麦适用于制作面包、面条或强筋力专用面粉的配麦。不同品质的小麦生长所需要的条件不同。强筋小麦适合生长在光热资源充足、阴雨天较少、土壤肥沃的地方，而降雨较多的地区更适合弱筋质的形成。不同小麦品种生长需要的土壤质地和肥力也不同，壤土或者偏黏的土壤更适合优质强筋小麦的生长。而且，播种期和收获期对小麦的品质和产量也有影响。有研究表明，适期播种才能保证强筋小麦籽粒的数量和质量，过早或过晚播种均会影响品质，且强筋小麦最适宜在蜡熟末期至完熟初期收割。除此之外，倒伏、病虫害、浇水施肥时期用量等都会影响小麦的品质和产量。

②托管组织具有专业的农技指导人员、先进的农业机械和耕作技术，可以提供适合的田间管理，保障优质粮高产。一方面，托管组织以其专业的农技指导人员，专业的田间耕作机械设备，娴熟的田间管理经验，先进的宽幅精播、测土配肥、统防统治等绿色高产技术优势，可以准确把握优质专用粮的生长条件、技术要求等，良种良法良田良方配套，适时高效地完成优质麦的种植生产。另一方面，土地托管服务通过对农户进行专业的技术指导，有利于良法良方的推广，指导带动更多农户会种并且能种好优质粮。土地托管服务从田间管理一个角度两个方式

135

为托管农户实现增产增效，扩大优质粮的种植面积。如山东省郓城县张营供销社推广优质麦种植过程中，针对优质麦易感染纹枯病、赤霉病和条锈病的问题，通过不断实验，研究出在小麦拔节前将农药喷施到根部的方法，有效防止了此类病害的发生；针对某些品种易倒伏的特性，研发推广合理密植的宽幅精播模式，有效解决了抗倒伏难题；施肥环节，通过科学配方平衡施肥和适度加大有机肥施用配比，实现了优质麦的稳产高产等。托管服务组织具有针对品种特性适时适度调节田间管理方式的优势，解决了普通种粮农户不会种和种不好的难题。

3. 从销售的角度

（1）优质优价难实现，导致种粮主体优质粮种植积极性不高

优质粮一般价格高于普通粮，受到种粮者喜爱。但是目前，我国国内优质粮的供给数量仍然较少，主要是由于优质粮的销路不畅。课题组调研过程中发现，有少部分普通农户种植优质麦，但由于产量较少，找不到专门收购优质粮的企业，只能以普通麦的价格出售给当地粮食经销商；还有部分种粮大户、家庭农场等新型种粮主体表示，由于地块细碎化问题仍较严重，无法直接与大型企业签订订单，当地也没有稳定的优质麦销售渠道，导致产出的优质麦只能以普通麦的价格出售。优质麦的投入大，产出相对少，若再难以实现优质优价，种粮农户种植优质粮的积极性将下降。

（2）土地托管组织的代销服务可以保障粮食销路，实现粮食优质优价

土地托管服务可以为农户代储代销，解决优质粮难以顺畅出售的难题。托管组织由于托管面积大且连片成方，粮食产量大，较容易与大型用粮企业签订订单，在实现及时顺畅销售的基础上，还能保障优质优价。

以山东省为例，郓城县张营供销社从示范种植做起，选择具有价格优势的小麦和玉米，实行种子、机播、配肥、植保、统防统治、销售"六统一"的生产模式。2010 年，建立了 1200 亩强劲优质小麦示范田，引来河南新乡、江苏连云港、山东滨州、菏泽华瑞等几家企业的竞价订购，每斤高于市场价 0.15 元；2011 年与法国罗盖特、美国国民淀粉等企业签订订单，发展蜡质玉米示范基地 2000 亩，比普通玉米增产 200

多斤，价格高出市价 0.15 元。此后，订单面积不断扩大，截至 2014 年底，实行订单种植的玉米、小麦已分别发展到 2 万亩和 3 万亩。高密市供销社与山东望乡食品公司合作，按望乡食品公司的技术标准及订单要求，与东桥子村委合作建设了 1700 亩优质小麦种植示范基地，以高于市场 10% 的价格收购，同时，对托管范围内的小麦，绝大部分实行了按照订单种植，收货后由服务中心储存，专供望乡食品公司，收储资金由食品公司有偿提供，不在订单范围内的粮食作物，按照市场确定经营方式，从而稳定了托管小麦的销售渠道。

土地托管组织通过类似的订单托管模式，保障优质粮销路，真正使农民省心省力省钱又增产。在产后流通环节给农民提供便利，能有效提高农户种植优质粮的积极性，保障优质粮的供给数量，进而保障粮食营养安全。

5.3.2　有助于用粮企业自建生产基地，提高粮食专用性

以龙头企业为依托的新型种粮主体既是粮食供给者，更是粮食需求者（尤其是优质粮），对于推动优质粮种植、保障粮食营养安全有重要意义。本节将从用粮企业自有生产基地建设和非自有生产基地建设两个角度具体阐述土地托管如何有利于用粮企业粮源的稳定性和专业性，保障粮食营养安全。

1. 土地托管可解决用粮企业自建基地粮食种植难题

从事粮食加工、销售等的粮食型龙头企业，对于粮食的品质和专用性要求较高，但是我国目前国内粮食品种混杂，优质粮较少，缺少市场亟须的各种专用性粮食，如望乡食品集团从国外进口小麦，加工成面粉后出口欧洲；且国外优质粮进口价格较高，两方面制约了粮食型龙头企业的发展。龙头企业为了保障优质且稳定的原材料生产采购来源，最优选择是建设自有生产基地，而企业的核心业务是粮食深加工生产，并不具备较好的粮食种植经验和优势，培养专门的农业耕作人员、投资种植所需的大量农业机械等显性成本和机会成本都较高。土地托管组织的出现较好地解决了用粮企业自建粮食基地而不便耕作的难题，托管组织依托自有的农资、农机、农技优势，以较低的成本、专业的田间管理、先

137

进绿色的高产耕作技术为粮食企业种植所需的专用性优质原粮。

龙头企业直接流转土地，提供所需专用性粮食的优质种子，提出种植要求，土地托管组织按照企业要求提供耕种收全程标准化服务，在保证数量的基础上生产企业所需的专用性粮食。如联创食品有限公司，2010 年由汶上县联社和部分基层社共同出资组建，依托土地托管服务，在杨店镇建有小麦标准化生产基地 1000 余亩，作为"中鲁绿叶"牌馒头及其他"绿叶"食品的粮食供应基地，形成了集种植、收购、加工、销售于一体的粮食产业化链条。土地托管形式的出现和发展推动了企业自有生产基地的建设和发展，托管组织为企业生产基地提供完善的农业生产性服务，一方面保障了企业专用性生产原料供应，另一方面也使用粮企业可以专注于粮食深加工等核心业务，提高了用粮企业的核心竞争力。

2. 土地托管为企业示范带动更多生产基地建设

土地托管保障企业的优质原料供给不仅通过企业自由基地的建设，还可以通过自建基地为企业示范带动更多非自建生产基地，扩大用粮企业专用粮食供应来源。托管组织提供托管服务不仅针对涉农企业的自建生产基地，还有连片成方的普通农户、种粮大户、家庭农场、专业合作社等。托管组织可以充分利用自己多样化的客户来源，依据帮助龙头企业进行生产基地耕作时掌握的优质粮种植经验，推广种植用粮企业所需要的粮食品种。而且以企业自建生产基地为样板，为其他种粮农户提供示范、技术指导，对于推广专用粮食品种的种植更具有说服力，有助于用粮企业其他非自建生产基地的建设，扩大优质粮食供应来源。

以土地托管大省山东省为例。联创食品有限公司，为汶上县供销合作社下属企业，除自有流转土地外，还带动周边农民种植优质专用粮，依托土地托管服务，在杨店镇共建立优质小麦种植基地 2 万亩，形成"社属龙头企业 + 合作社 + 农户"的模式。曲阜市康利源面粉公司提供良种、实施粮食订单种植，基层社协调村两委成立合作社，为粮食生产提供产供销一条龙服务，形成"社属龙头企业 + 基层社 + 合作社"的模式。高密市山东望乡食品有限公司，与孚高农业服务公司联合组建"山东望乡农业发展有限公司"，重点推进面包、饼干、高端面条等专用小麦的订单生产和深加工，联合开辟营销渠道，共同打造从粮食生产到餐桌的完整产业链，每年需要 60 万亩耕地种植专用小麦，逐渐形成了"农业龙头企业 + 供销社 + 种粮农户"的模式。采用这一模式，提供土地托管服务的供销社又与正大集团、先锋种业达成三方合作协议，实现玉米订单的生产。

土地托管服务有助于发挥托管组织的社会优势，推动企业建立粮食自有生产基地和示范带动其他非自有生产基地，在扩大用粮企业专用性、多样性优质粮食原料供给的同时，提高优质粮的总产量，保障粮食营养安全。

5.3.3　典型案例

土地托管服务一方面促使普通农户和部分新型种粮主体（除农业企业以外）选择种植优质粮，另一方面推动农业企业建立自有生产基地和扩大非自有生产基地，带动优质专用粮的种植生产。土地托管服务便从以上两个方面有效保障粮食营养安全。以下着重介绍在保障粮食营养安全方面做得比较好的土地托管组织——邹平县全泉农机合作社。

1. 山东邹平县发展情况

山东是我国粮食主产区之一，也是土地托管服务先行示范省份。位于鲁中地区的邹平县，耕地面积 107.47 万亩，是产粮大县、农机强县，被评为全国"八五"优质粮大县、"九五"国家商品粮基地县，山东农业机械化作业先进县，粮食总产量保持 80 万吨，粮食生产综合机械化率达 98% 以上。截至 2014 年，全县注册的农机专业合作社共有 32 家，农机大户 380 户，拥有农机总动力 136 万千瓦，配套农机 2 万余台（套），2014 年全年作业服务总面积达 40 万亩①。32 家农机合作社中有一半属于示范社，其中国家级示范社 3 家，省级 9 家，市级 4 家，主要有三种类型：一是由农机大户牵头创办的农机合作社。数量多，社员多为农机老手，作业技能高、经验丰富，主要代表有邹平县九户、兴灿、美好家园等。二是农机公司联合农机户创办的合作社。依托农机公司资金雄厚、装备先进、设备服务完善、经营理念先进等优势，发展最快、

①　胡公理、高昊：《邹平：土地托管成效显著》，载于《农机市场》2014 年第 8 期，第 28~30 页。

实力最强，主要代表有邹平县东来、全泉、亨通等。三是农机管理服务站自主创办的农机合作社①。

2. 土地托管有利于保障粮食营养安全——以邹平县全泉农机合作社为例

以邹平县发展快、实力强的雷沃农机公司联合农户创办的合作社——全泉农机合作社为例，2013 年，作为山东省首家农机合作社标准化示范农场在邹平县孙镇正式成立，2014 年，荣获"全国三十佳优秀创新示范农机合作社"，2015 年，获批玉米生产全程机械化示范推广基地。

邹平全泉农机合作社农场依托雷沃集团，购置雷沃谷神系列小麦收获机、福田大型拖拉机、马斯奇奥旋耕机及播种机、泰丰和保尔喷灌机、中机美诺打药机、雷沃高端低温循环式干燥机等先进农机具，农机拥有量和先进性处于全国领先水平。截至 2015 年，全泉农机合作社共拥有 80 多台套农机设备和专业植保机械，社员 40 余人，经营自有土地 2360 亩，托管土地 8000 余亩。自有土地主要是从孙镇村、蔡家村、范家村等 300 余户农民手中流转的耕地。托管土地主要来自企业生产基地，以订单托管服务为主。合作社分别与国内最大的玉米深加工企业西王集团的农业生态园、恩贝集团的粮食专业合作社等签订托管协议，托管企业 7600 亩自有流转土地，种植企业用粮。除此之外，合作社不断扩大托管范围，示范带动企业非自有生产基地建设。合作社带动较大规模家庭农场、种植大户、普通农户等发展订单优质小麦、玉米，并为其提供技术指导和托管服务，由于这种模式作业市场固定，且可为农户每亩增收 120~240 元，收入稳定，农户参与积极性较高。合作社与农户达成长期合作意向，不断带动更多农户进行企业用粮等优质专用粮种植。

全泉合作社通过托管两大类种粮主体的土地，形成了规模化、专业化种植，为普通农户和部分新型种粮主体种植优质粮提供了来源、方法和途径，为用粮企业自建和扩建生产基地提供了便利，提高了机械化作业水平，降低了生产成本，保障了优质粮来源，增加了优质粮供给。

---

① 资料来源：笔者调研所得。

5.4 土地托管有助于保障粮食生态安全

粮食生长的生态环境是否安全直接影响到粮食的质量安全和营养水平，关乎人民的生活福祉、健康状况以及社会稳定。但目前我国粮食生态安全状况不容乐观，农业面源污染日趋严重，农村环境质量不断下降，土壤、水体、大气等受到不同程度的污染。主要是种植过程中，化肥、农药等农业投入品不合理使用，采用传统粗放耕作方式耕作（如秸秆焚烧、大水漫灌、地表施肥等）导致的环境问题以及工业生产或农村生活对农业生产环境带来的污染。减少农业生产中人为活动造成的污染、可持续利用资源于保障粮食生态安全具有重要意义。本部分将从减少农业面源性污染和合理利用水、土地等自然资源两方面分别阐述土地托管如何有利于保障粮食生态安全。

5.4.1 有利于减少农业面源性污染，优化粮食生长环境

改革开放以来，农药化肥等农业投入品的使用对我国粮食产量增加起了至关重要的作用。2003 年以来，农药化肥使用量和粮食产量基本呈增加趋势。但近年来，农药化肥使用量增加对粮食产量增加的贡献率越来越小，农药化肥的增长率呈下降趋势，但化肥增长率仍较高（见图 5 - 10）。化肥农药等投入品的不合理使用造成了严重的农业面源污染。要保障粮食生态安全首先需要减少农业面源性污染。本节将从水、土壤、空气三个方面分别讨论土地托管如何有利于减少农业面源性污染，如何有利于保障粮食生态安全。

1. 土地托管有利于农药化肥的合理使用，减少水体污染

目前，粮食种植过程中仍然存在着较严重的农药化肥等投入品选用品种盲目、使用剂量和使用方法不规范等问题，导致利用率低、使用次数增多，造成了严重的水体污染。如前所述，2015 年我国单位耕地化肥使用量达 446.1 公斤/公顷，远超过发达国家为防止水体污染而设置的 225 公斤/公顷的安全标准，农业用药 92.64 万吨（商品量），折百量

30 万吨，使用强度高于国际安全水平 1 倍多。同时，使用效率较低，仅有大约35.2%的化肥、35%的农药被农作物吸收利用，其余的被土壤吸附，通过雨水、漫灌等地表径流和农田渗透进入河道、海洋和地下水，造成水体污染。

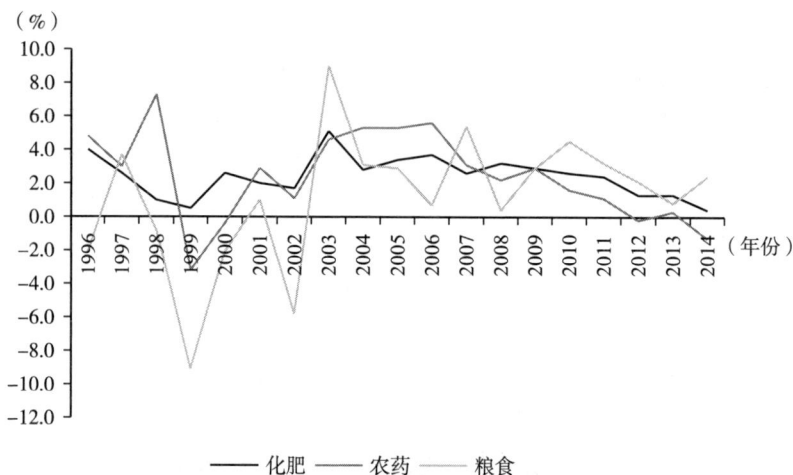

图 5 – 10　农资投入和粮食产量增长率变动情况

资料来源：《中国统计年鉴》（1996～2015）。

实行土地托管服务后，托管服务组织通过对托管土地开展测土配肥，对症下药、精准施肥，选用缓控释肥、水溶肥等高效新型肥料和高效低毒新型农药，可以减少农药化肥施用量、优化施用结构、提高施用效率；采用种肥同播、水肥一体化、统防统治等绿色高产技术，改变撒施、表施等传统耕作方式，可以减少农业投入品的地表残留和浪费，减少水体污染。以小麦＋玉米耕作模式为例，托管后农药使用量亩均减少20%，氮肥、磷肥和钾肥利用率分别提高5%、12%、10%（具体如5.2 节所述）。采用统防统治、种肥同播等绿色种植方式，农作物的化肥农药吸收利用率高，地表残留少，既减少了资源浪费，又减少了水体污染。所以，实行土地托管一方面可以保障化肥农药等农业投入品的合理选用、正确施用，提高资源利用效率，减少农业投入品浪费；另一方面，也是更重要的，可以减少水体污染，为作物生长提供良好的环境，提高农业可持续发展能力，推动农业绿色发展。

2. 土地托管促进投入品合理使用，减少土壤污染

投入品的不合理使用还会造成土壤污染，其中化肥对土壤的影响最为严重。化肥不合理使用会导致土壤污染，主要表现为以下两个方面：不合理的使用导致土壤结构出现问题；长期施用单一肥料导致土壤酸化、板结、重金属污染。化肥的过量、不规范施用引发并加剧了土壤的结构失衡问题，主要表现为耕层变浅、板结。据农业部发布的《2016年全国耕地质量监测报告》，全国 65.5% 的监测点耕层厚度较浅，25.9% 的监测点土壤板结问题严重，由此导致土壤透气性差、有机质含量降低、保水保肥能力减弱等，影响土地的产出能力。而且，长期施用化肥，特别是单一肥料，容易使土壤理化性质恶化，增加土壤重金属活性，导致土壤酸化、重金属污染等。

土地托管服务可优化农资使用结构、提高使用效率，有效减少上述土壤板结、酸化、重金属含量超标等污染问题。如前所述，土地托管服务通过实行测土配方、智能施肥技术，可以减少化肥施用总量，从而减少由于长期过量施用化肥造成的土壤板结问题，以小麦 + 玉米轮作模式为例，托管后小麦亩均化肥施用量减少 20.1%，玉米减少 21.4%（具体如 5.2 节所述）；通过推广使用配方肥、缓控释肥、有机肥等高效新型肥料，可以改变长期单一施用肥料的结构性失衡问题，针对不同土壤的有机质、氮磷钾等养分含量，协调作物生长需求，按需施肥，有利于优化农资使用结构，减少土壤酸化和重金属残留等问题；通过采用种肥同播、水肥一体化等新型农业技术，改变传统的粗放式耕作方式，根据气温、水分调节氮肥释放，控制作物对磷钾等肥料的吸收，提高肥料利用率，从而避免多次重复施肥，减少对土壤的污染。土地托管服务从以上三方面保证化肥的适量、规范施用，减少土壤耕层变浅、板结、酸化和重金属污染等污染问题，保障生态安全。

3. 土地托管有利于绿色耕作技术应用，减少空气污染

传统粗放式的粮食种植方式以及化肥农药的过度使用都会引起不同程度的大气污染，主要表现为化肥、农药等农业投入品的挥发和秸秆焚烧两大方面。课题组调研中发现，目前仍有部分农户采用撒施、表施的方式施用化肥，易挥发的化肥会对空气造成一定影响。以氮肥为例，氮

挥发及 NO_x 释放会使大气中氮含量增加，硝化及反硝化释放的 N_2O 会加剧温室效应，而且氮肥的使用对 CH_4、CO_2 等温室气体的释放也有影响。使用传统的手动背负式喷雾器打药，农药喷洒不均且利用率低。有研究表明，手动背负式喷雾器打药农药有效附着率不足 10%，其余药液流失浪费，其中 5%～30% 的药液以极细雾滴形式扩散到空气中，造成空气污染。此外，秸秆焚烧时，大气中 NO_2、SO_2、可吸入颗粒物浓度等比平时高出 3 倍[①]，产生大量有毒有害物质，造成空气污染，威胁人类生命健康。

土地托管服务可以通过利用先进生产机械、采用高效绿色生产技术减少传统耕作对空气的污染。托管服务组织统一供肥施肥，采用水肥一体化等有利于作物吸收的施肥技术，施用缓控释肥、水溶肥等不易挥发的高效新型肥料，可以减少化肥施用过程中的挥发。土地托管后，土地连方成片，便于托管服务组织使用无人植保机等新型机械进行统防统治，提高农作物农药附着率，减少打药过程中农药药液的浪费和扩散，进而减少对大气的污染。托管后使用秸秆还田机等新型机械进行秸秆机械还田，一方面可以避免秸秆焚烧带来的大量有毒气体的释放，减少大气污染；另一方面可以重新利用秸秆养分，增加土壤肥力。土地托管组织凭借其专业的农技指导人员、优良的农资供应渠道、先进的农业机械设备、规范的种植技术操作、丰富的耕作经验等优势，为种粮主体提供产前、产中、产后一条龙服务，可以有效减少粮食种植过程中人为造成的污染，为农作物提供良好的生长环境，实现粮食的绿色优质高产。

4. 农业面源性污染减少有助于优化粮食生长环境，提升粮食质量

土地托管服务组织通过提供专业的全方位服务，可以减少粮食种植过程中人为造成的各种水体、土壤、空气等农业污染，减少人类对农业生产环境的破坏，保障粮食生态安全。良好的水体、土壤、空气等环境又会反过来影响粮食作物生长。良好的生长环境为粮食作物生长提供良好的外部条件，有利于减少粮食污染，提升粮食质量。如粮食的重金属污染主要是由土壤的重金属含量超标导致，保证耕地土壤不受重金属污染，可减少粮食的重金属污染。

---

① 耿瑞、韩盘根：《可再生能源小麦秸秆收集利用的调查与技术构想》，载于《中国农村科技》2012 年第 9 期，第 53～55 页。

2016 年，我国农药和化肥使用量基本实现零增长。农药使用量 30 万吨左右，基本维持零增长。其中，三大粮食作物病虫害专业化统防统治覆盖率 35.5%，面积达 14 亿亩次①。化肥施用量 6000 万吨（折纯）左右，实现改革开放以来首次接近零增长，一些地方甚至实现负增长。土地托管服务的不断发展，有利于化肥农药零增长目标的实现，而且伴随着绿色高产技术的推广应用，减少了农业面源性污染，有利于为粮食作物生长提供良好而适宜的环境，提高粮食的产量和质量，保障粮食安全。

5.4.2　有利于合理使用自然资源，保障粮食产业可持续发展

水、土地等不可再生资源的合理使用对于保障粮食生态安全、推动粮食产业可持续发展至关重要。本节将重点论述土地托管如何有利于自然资源合理利用，保障粮食生态安全，将从以下合理利用水资源和可持续使用土地资源两方面具体分析。

1. 土地托管有助于合理利用水资源

水是农作物生长必不可少的条件，而水资源作为不可再生资源，在污染日益严重的今天显得尤为珍贵。传统粮食种植中存在着严重的水资源浪费现象，如大水漫灌，水资源利用率较低。所以，为提高水资源利用率，需要大面积推广应用水肥一体化等节水灌溉技术。

（1）节水技术可有效提高粮食作物用水效率，减少水损

以公认水分利用率最高的灌溉技术——滴灌水肥一体化技术为例，滴灌水肥一体化主要应用于干旱缺水和发达国家，水分利用率达 90% 以上。如以色列，采用水肥一体化灌溉的面积达 80%；美国，马铃薯、玉米、果树等多种作物的灌溉也采用水肥一体化②。而在我国，使用水肥一体化技术的面积仅约 7000 万亩，仍具有较大推广空间。

滴灌水肥一体化技术比传统水肥管理方式节水效果明显。以平度市

---

① 资料来源：中华人民共和国农业农村部《到 2020 年农药使用量零增长行动方案》。

② 《山东省平度市粮食生产水肥一体化种植模式调查》，载于《农民日报》2017 年 7 月 12 日。

小麦种植为例，仅靠自然降水无法满足小麦生长需要，每年需要灌溉2~3次。传统浇灌方式一般为麦田软管灌溉，每亩每次用水量40立方米，采用一体化滴灌后，铺设良田支管和毛管，如表5-30所示，每亩可减少25%~50%的用水量。此外，滴灌水肥一体化技术还具有增产、节肥、省工、环保四大优点，具体如表5-31所示。

表5-30　　　　　　平度市水肥一体化节约用水情况

浇灌方式	用水量（立方米/次/亩）	节约用水
传统水肥管理	40	25%~50%
水肥一体化	20~30	

资料来源：农业部网站整理所得。

表5-31　　　　　　　　滴灌水肥一体化技术的优点

优点	与传统水肥管理相比
增产	亩增200公斤以上，平均增产15%以上，其中小麦增产10%以上、玉米增产20%以上
节肥	可及时追肥，提高肥料效率，综合节肥30%以上
省工	铺设滴灌管道，亩均省工两个
环保	农资使用量减少，地下水污染减少；土壤湿度小，病虫害减轻

资料来源：农业部网站整理所得。

（2）土地托管服务有助于高效节水技术的推广应用

一方面，土地托管服务有利于高效节水灌溉技术的应用。土地托管服务组织有购置节水灌溉设施的资金优势。以滴灌水肥一体技术为例，相比于传统的麦田软管灌溉方式，滴灌技术资金投入较大，土地托管服务组织有相对充足的资金进行良田支管、毛管等设施的铺设，有能力购置完备的节水设施。而且，土地托管服务组织比种粮主体使用高效节水灌溉技术的意愿更强烈。全国普通农户亩均耕地7.5亩，使用节水设备投资大、前期工序繁琐、短期回报不明显，更愿意采用相对简便的大水漫灌方式或者成本相对较低的软管灌溉。而土地托管服务组织通过高效节水技术的使用，既可以实现节肥、省工等节约成本，又可以实现增产增收，且服务面积广，节本增收效果明显。所以，托管组织改善灌溉方式的积极性更高。综上，土地托管服务组织有能力也有动力推动高效节水灌溉技术的应用。

另一方面，土地托管服务有利于高效节水灌溉技术的大面积推广，带动更多农户使用节水技术，减少水资源浪费。土地托管服务面积广，且通过高效节水技术的使用，可以为农户节本增收，激发更多农户参与土地托管服务的积极性，吸引并带动更多农户使用节水技术，从而更大范围内提高水资源利用率、减少水损。

以滴灌水肥一体化技术为代表的其他高效节水灌溉方式也同样可以大大增加农业用水效率，减少水资源浪费。据农业部数据，截至 2015 年底，全国总灌溉面积 72061 千公顷，节水灌溉工程面积 31060 千公顷，占总灌溉面积的 43.1%。其中：喷灌、微灌共 29%，低压管灌 28.7%。依托土地托管服务平台，有助于实现各种高效节水灌溉技术的推广应用，2016 年全国节水农业技术累计应用面积超过 4 亿亩，农田灌溉水有效利用系数超过 0.53[①]。土地托管服务通过推广使用高效节水灌溉技术，有利于提高水资源利用效率，减少水资源浪费，实现水资源的合理利用，保障粮食产业可持续发展。

2. 土地托管有利于可持续使用土地资源

土地是农作物赖以生存的环境，耕地的生产能力对于粮食的数量、质量安全起决定性作用。据 2016 年国土资源统计公报，2015 年，全国耕地面积 13499.87 万公顷（20.25 亿亩），耕地平均质量等别为 9.96 等[②]，优等地面积占总评定面积的 2.9%、高等地占 26.5%，低等地占 17.7%。提高耕地生产能力需要在既有耕地的基础上增加播种面积、改善耕地质量。

土地托管服务有利于播种面积的增加和耕地质量的改善，推动土地资源合理利用。如前所述，土地托管服务通过复垦撂荒地和解决粗放种粮问题，可直接增加播种面积，对托管土地进行去除田坝、重新规划沟渠等连方成片整理，也可以增加播种面积（详见 5.1.1 节）；通过推动中低产田改造、高标准农田建设、千亿斤粮食产能建设等国家耕地综合

147

---

① 《化肥用量接近零增长：绿色发展稳健起步》，兴县新闻网，2017 年 2 月 24 日。

② 全国耕地评定为 15 个等别，1 等地质量最好，15 等地质量最差，1~4、5~8、9~12、13~15 等耕地分别划分为优等地、高等地、中等地、低等地。

整治项目的落地，在整理出更多耕地的同时，可以提高耕地的综合生产能力（详见5.1.2节）。另外，土地托管服务通过深耕深松、秸秆还田等新型农业种植技术的推广使用，可以增加土壤肥力、改善耕地质量。深耕深松技术的应用已在5.1.2节具体论述，在此不再过多赘述，此处以秸秆还田技术为例具体阐述土地托管服务有利于改善耕地质量，促进土地资源可持续利用。

（1）目前秸秆综合利用情况

①秸秆中养分资源丰富。秸秆中含有较丰富的氮磷钾等养分资源，我国七种主要农作物（稻谷、小麦、玉米、大豆、花生、油菜、棉花）的秸秆年平均产量达674.91百万吨，年平均养分资源为1952万吨[①]，其中氮611万吨、磷200万吨、钾1141万吨；而2015年氮肥、磷肥、钾肥施用量分别为2362万吨、843万吨、642万吨。也就是说，100%秸秆还田可分别代替25.87%和23.72%的氮肥与磷肥施用总量，56.27%的秸秆还田率可完全替代钾肥施用总量。所以，实施秸秆绿色还田可以维系和改善土壤肥力、减少化肥施用量、改进土壤物理结构、促进微生物活性，有助于维持农田生态系统的健康稳定。

②全国及山东秸秆利用情况。"十二五"末，全国秸秆综合利用率达80.1%，如图5-11所示，农用总比重达66%，肥料化利用率近一

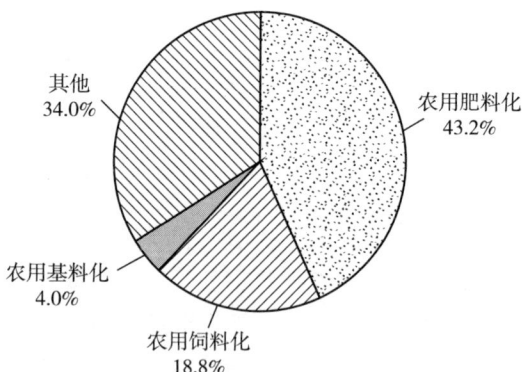

图5-11 全国秸秆综合利用情况

资料来源：中华人民共和国农业农村部数据整理。

[①] 《秸秆养分资源对替代化肥贡献研究获进展》，载于《农业科技与信息》2017年第17期，第21~23页。

半达 43.2%。其中，山东省依托土地托管服务平台，秸秆综合利用技术推广较成熟。近两年，先后在曲阜县、兰陵县、齐河县等 25 个县市开展国家农作物秸秆综合利用试点项目（见表 5 - 32）。据农业部数据，2016 年全年度山东省农作物秸秆综合利用率达到 87.7%，重点区域达到 90% 以上。

表 5 - 32　　　　　　　山东省农作物秸秆综合利用试点分布

项目	年份	试点县
农作物秸秆综合利用试点	2016	滨州市滨城区、曲阜市、泰安市岱岳区、兰陵县、诸城市、成武县、齐河县
	2017	滕州市、广饶县、莱州市、昌邑市、鱼台县、泗水县、东平县、新泰市、威海市文登区、莒县、郯城县、兰陵县、平邑县、齐河县、禹城市、东阿县、冠县、滨州市滨城区、邹平县、曹县、郓城县、鄄城县、东明县

资料来源：山东省农业信息网。

（2）土地托管服务有利于秸秆还田等绿色技术的实施，改善耕地质量

如前所述，深耕深松技术的实施需要大型深耕深松机械，土地托管服务组织有能力有动力购买器械，提供标准化作业服务。土地托管服务推广秸秆还田技术也具有相似的作用机理，托管服务组织具有较先进的收割粉碎一体机，拥有专业的农技指导人员，可以精确控制粉碎后残留的秸秆高度，为下季作物生长创造良好环境。

而且课题组调研发现，农户对于秸秆还田技术也具有较强的需求意愿。如表 5 - 33 所示，课题组对 84 户新型种粮主体的调研中，自我认为需要秸秆还田技术的新型种粮主体比例达 94%，表示已经采用该项技术的有 76 户，比例达 90.5%，仍有 9.5% 的新型种粮主体未采用该项技术。新型种粮主体对于秸秆还田技术的自评需求程度达 94%，实际技术采用率 90.5%，反映了新型种粮主体对于秸秆还田作用较认可，技术推广较好的同时，也说明了秸秆还田技术仍有进一步扩大推广的空间。

表 5 – 33　　　　　　秸秆还田技术的需求程度和采用情况

技术	总样本	需要		不需要		已采用		未采用	
		个数	比例（%）	个数	比例（%）	个数	比例（%）	个数	比例（%）
秸秆还田	84	79	94.0	5	6.0	76	90.5	8	9.5

资料来源：调研数据整理所得。

　　土地托管服务通过提供秸秆粉碎还田服务可以满足农户对于秸秆粉碎还田服务的需求。同时，起到了维系和增强土壤肥力、改进土壤结构、合理利用土地资源的效果。土地托管服务依托自有大型先进农业机械、耕地的集中化规模化等优势能够推动秸秆还田、深耕深松等项目实施，促进绿色先进农业技术推广应用，带动更多农户进行绿色耕作，更大范围内增强土壤肥力，提高土地综合生产能力，推动土地资源可持续利用。

　　实行土地托管后，土地连方成片，实现规模化种植，一方面有利于种肥同播、水肥一体化等高效节水施肥技术的实施，减少水资源浪费；另一方面有利于秸秆还田、深耕深松等技术的推广应用、托管耕地的自我整治以及国家土地综合整治项目的落地，从而增加播种面积，改善耕地质量，推动土地资源的可持续利用。综上来看，土地托管有利于推动水、土地等自然资源的合理利用，保障粮食绿色可持续发展。

5.4.3　典型案例

　　山东省作为土地托管发展较早较成熟的产粮大省，自 2013 年开始粮食高产创建，着手打造一批吨粮市、吨粮县、吨粮乡，德州市就是其中一个已建成的吨粮市。2015 年以来，德州市整合全国新增千亿斤粮食产能工程、土地综合治理、高标准基本农田建设、农业综合开发土地治理、小农水重点县工程等多项综合整治项目，累计投入 23.9 亿元。截至 2017 年 6 月，建成粮食绿色高产创建项目区 268 万亩。

　　其中，齐河县是位于德州市南部的全国整建制粮食高产创建示范县，总面积 1411 平方公里，共辖九镇五乡，1012 个行政村，是山东省农产品质量安全县、山东省种子评价中心、贵州茅台在全国最大的原料生产基地。此外，齐河县农业机械化水平较高。据农业部数据，全县综合机械化水平达98%，农机总动力230万千瓦，农业机械总值达7.1亿元，排名均列全市首位。其中，共有拖拉机4.1万余台，大中型拖拉机超过12%，联合收割机5000台，52%为自走式小麦联合收割机，分别列全市第一位。此处仅以齐河县为例，观察土地托管服务是如何有利于保障粮食生态安全的。

1. 齐河县的土地托管服务兴起较早，发展较成熟

目前，齐河县土地托管服务发展较成熟，主要有农机合作社、为农服务中心和农业专业机械企业三大类服务组织开展土地托管服务。其中，农机合作社开展土地托管服务最早。2010年开始，齐河县内多家农机合作社与农户签订土地托管协议，将托管土地划分成片，对集中土地重新进行规划整理、平沟平垄，实施大规模机械化作业。如腾飞农机合作社与周围村庄56个农户签订协议，整出百亩连片示范方6个，作业面积达3500亩。同时，基层党支部积极领办土地股份合作社和为农服务中心。如胡官屯镇，七个试点村土地股份合作社正常运作，镇党委政府牵头成立众望为农服务中心，提供耕、种、管、收、存储一条龙服务，涉及600多户农户、5000余亩耕地。另外，齐河县重点培植一批农业专业机械企业，为农民提供代耕、代播、代管、代收和技术培训等"四代一培"服务。如齐力新农业服务有限公司是江北面积最大、全国领先的生产性服务企业，2017年，实施"飞防作业"20余万亩，签订深耕深松作业合同7万亩，社会化服务总面积将突破13万亩。

2. 齐河县土地托管助推粮食绿色高产高效示范区建设

（1）齐河县土地托管推动国家综合项目的落地实施，有利于改善耕地质量

自2015年开始，齐河县推进"农业部80万亩粮食绿色高产高效创建示范区"建设工程，依托土地托管服务平台较充足的资金优势、服务的规模化优势、专业的科研团队优势等，目前已经实现项目区每50亩一眼机井，每200亩一个生产网格，每5000亩一支专家队伍，每5万亩一套集气象、墒情、虫情信息测报于一体的综合服务站。

另外，土地托管服务组织还有利于各新型技术示范区的建设。如上述提到的由基层党支部领办合作社和为农服务中心的胡官屯镇，承担1

万亩固定式"水肥一体化"节水示范片项目建设；润丰源农业灌溉专业合作社，承担两万亩以中心支轴式大型喷灌设施为主的示范片建设等。此类项目前期筹备资金较多，单个生产主体难以承担，土地托管服务组织具有相对充足的资金，且项目实施需要规模化用地，托管土地连方成片，有利于项目的快速顺利实施。土地托管服务通过推动综合项目的落地实施，有利于改善耕地质量，提高农业生产条件，推动农业绿色发展。

（2）齐河县土地托管推广应用绿色农业技术，有利于合理利用自然资源

如上所述，胡官屯镇"水肥一体化"节水示范片、润丰源农业灌溉专业合作社大型喷灌设施示范片的建设，有利于水肥一体化等先进喷灌技术的应用，促进节水、节肥、增产等绿色新模式的示范推广。

而且，齐河县还依托土地托管服务平台积极推进玉米秸秆精细化全量还田，提出"黄淮海地区麦秸覆盖玉米秸旋耕还田模式"。2017年，齐河县承担国家秸秆综合利用试点项目，依托土地托管服务在全县14个乡镇推进玉米秸秆精细化全量还田，制定并实践了"机械化收获＋秸秆二次精细化粉碎＋撒施秸秆腐熟剂＋增施氮肥＋深耕＋旋耕整地作业"六统一的技术路线。土地托管服务组织通过提供机械服务，实现玉米秸秆精细化全量还田。一方面，培肥了地力，减少了化肥使用量，减少了生态污染；另一方面，增加了农作物产量，为农民增产增收。据测算，玉米秸秆精细化全量还田后，每亩可减少化肥施用量12公斤，玉米单产平均提高35公斤①。土地托管服务的节本增收效应有利于激发农户采用此技术的积极性，带动更多农户进行绿色生产，保障粮食生态安全。

土地托管服务通过推动粮食绿色高产高效创建示范区建设项目实施，促进水肥一体化、秸秆绿色还田等绿色高产农业技术推广应用，既可以保障化肥、农药等农业投入品的合理使用，减少水体、空气、土壤等农业面源性污染，优化粮食生长环境；又有利于减少水资源浪费、肥沃土壤、合理利用自然资源，保障粮食生态安全。

---

① 《德州齐河获国家农作物秸秆综合利用补助资金1000万元》，2017年10月20日，http：//www.dzwww.com/shandong/sdnews/201710/t20171023_16563226.html。

第6章　推进土地托管提升粮食安全水平的政策建议

在厘清土地托管保障粮食安全的作用机理，明确土地托管保障粮食安全的实施路径和实际效果的基础上，为进一步推进土地托管发展，提升粮食安全水平，本部分将提出具体的政策建议，包括应坚持的发展原则、应明确的发展重点、应加强的保障措施。

6.1　坚持基本原则

6.1.1　坚持服务种粮农户

家庭经营是世界上多数国家农业经营的基本方式，长期来看在家庭农场等新型种粮主体不断涌现的同时，以分散经营为特点的承包农户仍将是我国农业经营的主要形式。但普通农户农业经营，不断出现农业劳动力老龄化、兼业化问题；以家庭农场为主的新型种粮主体也面临着租金上涨、机械成本高、融资难、季节性用工短缺等难题。目前，在粮食种植过程中，一家一户办不了、办不好、办不合算等问题越发突出。发展土地托管服务，帮助普通种粮农户、新型种粮主体解决新机具、新技术、劳动力不足等方面的困难，有助于提升种粮主体选择学种粮、种好粮。因此，土地托管发展必须坚持服务农户的原则。

一要坚持重点服务普通农户。发展土地托管服务应重点解决小规模、分散农户难以融入现代农业发展的问题，应将服务普通小农户作为土地托管服务发展的基本原则。要始终坚持用现代化、规模化的服务带动普通小农户发展，着力解决普通农户与现代农业生产所需的新机具、新技术、新型农资对接难的问题。

二要坚持引领新型种粮主体。土地托管服务还要坚持用规模化、现代化的农业生产性服务引领新型种粮主体发展现代农业生产，着力解决新型种粮主体一家一户办不好或者办起来不合算的诸如大型农机具投入、新型技术采用、建设场地不足等难题。

6.1.2　坚持粮食作业服务规模化

通过土地流转完成土地集中，是实现农业规模经营的一条重要途径——土地集中型规模经营。但分散经营的小规模农户依然是我国粮食种植的主体，让这部分农户在独立经营的基础上，根据自身特点及需求选择专业化、规模化服务组织提供的服务，与众多农户联合购买大规模服务，实现农业规模化，即可实现服务带动型规模经营。

发展土地托管服务一定要坚持规模化原则。只有坚持规模化，服务组织才可以装备更先进、更大型、更高效的农机具和实现更低平均成本的作业服务。通过单个服务供给主体提供规模化、专业化的农业生产服务，使普通农户和新型种粮主体在享受新机具、新技术、新农资带来耕作方便和益处的同时，也能分享规模经济带来的服务成本的下降。

6.1.3　坚持服务重要粮食作物

保障粮食安全，尤其是口粮安全是我国农业发展的重中之重。土地托管服务一定要坚持服务粮食作物，尤其是大宗粮食作物，如小麦、水稻、玉米、大豆。通过为粮食种植者提供专业化的服务，达到粮食种植节本、增效的目的，解决普通农户粗放种粮、少种粮和抛荒不种粮的问题；缓解新型种粮主体因农机具等投入过大，粮食收益较小引起的非粮化甚至非农化问题。坚持服务重要粮食作物，更好地保障粮食安全、增强我国主要农产品的供给及竞争能力。

6.1.4　坚持以市场为主导

土地托管服务为经营性服务，一定要坚持以市场为主导。充分发挥市场配置资源的决定性作用，由市场主导服务内容、服务方式、服务价格。同时，政府要做到合理补位，财政资金重在用于引导市场，而不能干扰市场。补助领域应集中在那些关键且薄弱的环节，如作业成本高、短期效果不明显、农户需求不强烈的服务内容，以及资金投入较大、单个服务主体难以完成的服务领域和服务外部性较强的绿色生产技术推广领域。财政补助的标准不能影响市场价格的形成。

同时土地托管服务一定要坚持服务质量先行，由市场发挥主导力量淘汰那些服务质量不达标的服务组织，同时政府也要根据农户需求和服务组织要求，严格服务标准、加强质量监督、规范市场行为，引导土地托管服务长期健康发展。

6.2 明确发展重点

6.2.1 重点服务的粮食作物类型

明确土地托管重点服务的粮食作物类型，应以大宗粮食作物为主。粮食生产关系到我国口粮安全和其他重要产业安全（如养殖业、轻工业等产业），且粮食种植比较效益低。发展土地托管服务要把服务粮食作物，尤其小麦、水稻、玉米、大豆等大宗粮食作物作为重点服务与支持的对象。通过规模化、专业化的服务实现粮食生产的节本、增效，提高普通农户和新型种粮主体种植粮食的积极性，确保我国口粮安全和其他重要产业安全。

6.2.2 重点托管的粮食生产作业环节

明确粮食生产中土地托管重点服务的环节。不同的地区，土地等自然资源、种植结构、劳动力转移、农业机械配置等方面可能存在差异，导致农户的需求、托管组织的服务能力也有不同。各地一定要因地制宜，根据当地生产条件、农户需求、粮食作物种类、托管组织的服务能力，按照建设现代农业的要求，补齐短板，确定本地区粮食生产中重点支持的土地托管环节和服务内容,并形成优先支持顺序。例如,有些小麦、玉米轮作地区深耕深松、秸秆还田、烘干仓储是短板,按照现代农业发展需要和农户需求,可将其作为优先发展环节;有些水稻种植区,工厂化育秧、统防统治、烘干仓储可能是关键且薄弱环节,该类地区则可将这些环节作为优先发展的作业环节。

6.2.3　重点支持的粮食托管方式

明确粮食生产中重点支持的托管方式。目前,土地托管服务逐渐形成了以单环节托管、多环节托管和关键环节综合托管为主的半托管模式和以订单式为主的全托管模式。不同的粮食作物类型,需要不同的托管方式,适应不同地区、不同类型的农户。各地要因地制宜,依据当地劳动力转移状况、农户需求、粮食作物类型、托管组织服务能力等因素,科学确定本地区重点支持的托管方式。例如,对于那些农村劳动力转移不到70%、农户家庭种植意愿较强的区域或种植技术要求较高的粮食类型(如水稻),可从单个耕、种、收环节的托管入手,逐渐向耕+种+收多环节托管转变,逐步扩大托管服务面积;对于劳动力转移70%~80%地区,机械化水平较高的粮食作物,可重点推广多环节托管、关键环节综合托管等模式;而对于劳动力转移80%以上的地区或收益较低的粮食作物类型(如玉米),农户家庭经营的意愿不强,则可以重点推广关键环节综合托管和全托管模式。

6.2.4　重点加强的粮食行业管理项目

加强行业管理,是促进土地托管规范发展的重要举措。各级农业经营管理部门应针对服务标准、服务质量、服务价格、服务组织信用等方面,加强制度建设,强化规范引导。

一要推进服务标准建设。鼓励各级农业经营管理部门和各级供销社组织有关部门、单位和土地托管组织研究制定符合当地实际的服务标准和服务规范。学习作为全国供销系统开展土地托管服务的唯一试点单位(山东供销社)在制定土地托管服务章程、规范方面的经验。并将相关的服务标准、规范及时编成简明手册、明白卡,加强宣传推广,通知服务组织和广大种粮农户，确保服务组织规范服务、高质量服务。

二要加强服务价格指导。土地托管服务的价格应依据当地的市场环境，由服务组织和需求农户按市场机制协商而定。但各级农口行政部门要加强对服务价格的监督管理，防止少数组织在一定区域内形成价格垄断，侵害农户权益。

三要加强对服务组织的动态监测。各级农口行政部门及供销社系统要对土地托管供给主体的服务质量进行跟踪监测，逐步探索服务组织信用机制建设。对服务质量不达标、评价不好的托管组织，监管部门要及时予以通报批评，并督促其改正。与此同时，鼓励各地建立托管组织名录管理机制，将那些服务能力强、服务效果好的组织纳入管理名录，对纳入管理名录的托管组织，监管部门应予以大力宣传，予以重点扶持。

四要加强对服务合同的监管。各级农口行政部门及各级供销社要加强对土地托管服务合同的引导和管理，充分发挥合同在规范托管组织服务行为、确保托管组织服务质量、维护托管需求主体权益等方面的作用。学习山东供销社指导制定"土地托管服务合同示范文本"的做法，各地根据自身的实际情况制定适合本地的土地托管服务规范合同，明确服务目标、服务期限、服务形式、服务价格、服务付款方式、服务效果评价及违约责任等内容。并监督合同的执行情况，将托管组织执行合同的行为作为信用评价的指标。

6.3　完善保障措施

6.3.1　加强粮食检测体系建设与政府引导

一要加强粮食质量安全检测体系建设。粮食，尤其是口粮，是人们生存和发展的基本物资，关系国家经济发展、社会稳定，保障粮食供给质量安全显得尤为重要。但是当前，人们对农产品安全的关注点大多集中于可直接入口的蔬菜、瓜果等经济类作物，粮食（如小麦）从生产到餐桌，生产工艺繁杂，制成品种类众多，且外观、口感与粮食原料差异较大，人们往往忽视粮食作物生产过程中的质量问题。应加强粮食质量安全检测体系建设，严格监控粮食生产中农药、化肥等农业投入品的使用量、使用次数，依托土地托管等农业生产性服务组织，引导、协助小农户进行标准化、现代化粮食生产。明确粮食中各种元素残留标准，严格执行粮食质量检测，并建立相应的质量安全追溯体系，从源头上把控粮食质量，减少粮食污染。

二要加强政府部门指导。各级农口等行政部门要积极指导针对粮食作物开展的土地托管服务工作，推进服务管理规范建设。制定绿色、高效的土地托管服务标准，探索建立土地托管组织信用评价机制，引导制定土地托管服务合同范本、监督托管组织服务开展情况，避免粮食种植过程中出现粗放生产行为。并监管市场服务价格，防止某一地区的一家土地托管组织独大造成价格垄断。

6.3.2 加大政策落实与项目实施力度

近年来，农业生产性服务业发展得到中央政府和各部委的高度重视，2014年以来，中央"一号文件"多次提到农业生产性服务业、土地托管服务形式。为落实政策，农业部于2015年、2016年连续下发了"政府向经营性服务组织购买公益性服务试点工作的通知"，并于2016年开展了农业生产全程社会化服务试点工作，2017年，更是会同其他部委相继下发了支持农业生产社会化服务、农业生产性服务业、农业生产托管发展的三项指导意见。

一是创新政府扶持方式。学习"政府购买公益性服务"试点县的经验，围绕小麦、大豆、常规水稻等作物统一供种，针对病虫害统防统治、小麦"一喷三防"、农机深耕深松、水稻工厂化育秧、秸秆回收或处理、配方施肥和增施有机肥等关键的、薄弱的、带有公益性的服务，政府要创新扶持方法。改变直接补贴、事前补贴的方式，引入市场机制，通过政府购买、以奖代补、定向委托、招投标等方式，鼓励具备一定资质和服务能力的经营性服务组织从事上述具有公益性质的服务，创新政府提供公益性服务的方式。同时，积极探索对经营性服务组织建设受益面大、收益较低的诸如粮食烘干、农机场库棚等基础设施的支持方式，提高政府支持的针对性和效率。

二是加大政策落实力度。政府支持土地托管服务的力度非常大，要加大力度落实各项政策。可通过政府购买、以奖代补、先服务后补助、信贷支持、降低税费等举措，支持各类经营性服务组织发展。并进一步加大对基础设施建设的扶持力度，鼓励各地建设粮食烘干、育秧培苗、农机库棚、冷藏储藏等配套设施，加快解决农业建设用地难等问题。同时，在信贷方面给予支持，着力解决托管组织融资难、融资贵问题。

三是加大项目落实力度。2017 年，中央财政已将土地托管服务作为政策支持重点，要加强各类项目的落实。各级农口行政部门要切实领会政策精神，认真履行部门职能，强化与相关部门的沟通协调，建立良好的工作运行机制。省级农口行政部门须充分考虑本省土地托管服务发展情况及各地农户需求情况，科学制定各地土地托管服务目标及任务，并指导项目县的农口行政部门配合其他相关机构制订具体的托管方案，推进项目县土地托管服务的考核机制建设。县级经管部门要进行项目实施指导，规范行业服务标准、制定合同范文、监督服务质量、监管服务价格、监督合同执行情况，建立完善服务台账和档案。

6.3.3　加强宣传引导与经验总结

一要加强宣传引导。各级农业部要高度重视相关政策的宣传解释工作，尤其是试点县市更要做好宣传工作，要充分尊重托管供给及需求主体两方的意愿，切实调动广大农户和托管组织两方面的积极性，营造推进土地托管服务的良好氛围，鼓励普通农户、新型种粮主体和各类服务组织积极加入土地托管服务行列。同时，要注重引导各类服务组织创新服务机制、服务方式，加强对土地托管服务行业指导与规范，尽快制定适合各地实际的服务标准，加强对服务质量、服务价格、合同履行情况的监管。

二要加强经验总结。2015 ~ 2017 年，农业部会同其他部委，连续开展了"政府向经营性服务组织购买农业公益性服务""农业生产全程社会化服务""农业生产社会化服务"等试点工作，并将土地托管服务作为主要的服务方式重点推广发展。各级农业部门要及时跟踪了解试点工作进展情况，采用多种方式加强试点工作经验交流（如工作简报、会议交流、现场观摩等方式）。认真总结试点县开展各项农业社会化服务的经验，总结各地推广土地托管的做法，利用广播、电视、网络、报刊等各种媒体，宣传试点县开展土地托管服务的典型经验。

6.3.4 强化绩效考核与退出机制构建

目前，国家高度重视农业生产社会化服务工作，2016~2017年连续两年开展试点工作，并将土地托管服务作为重要的服务方式加以试点推广。因此，针对试点工作，各省农口部门要联合其他部委，依据政策规定，科学制定试点工作绩效考核体系，将任务完成情况、资金使用情况等作为评价重点，围绕工作成效、资金分配、制度建设等方面进行考核。依据绩效考核结果，对组织不当、未按要求开展工作的试点县，政府坚决予以惩治，对工作推进有力的试点县适当增加补助资金；对耕种收等市场化运作比较成熟的环节或实施区域，探索机制措施使试点内容逐渐退出这些环节或领域，以便腾挪出更多资金用在薄弱且关键环节的试点和更大的区域范围。

附　录

普通农户土地托管情况调查问卷

1. 2016 年您家种了_____亩地的粮食，共有_____块地。
2. 2-1　主要种什么？

　　　　A. 小麦　　　 B. 玉米　　　 C. 水稻　　　 D. 大豆

　　　　E. 其他（请注明）

　　2-2　2016 年您家小麦亩产平均_____斤/亩，玉米_____

　　　　斤/亩，水稻_____斤/亩。

3. 平时由谁负责田间管理？_____

农田管理者及决策者特征

	性别	年龄	文化程度（1＝小学及以下；2＝初中；3＝高中及中专；4＝大专及以上）	自评健康状况（1＝很健康；2＝良好；3＝一般；4＝较差）	农闲时打工或经商吗（1＝是 0＝否）	打工或经商工资（元/天）	是否村干部或合作社组织者
田间管理者1							
田间管理者2							
决策者							

　4. 4-1　田间管理者以外的其他家庭成员在外打工或经商吗？

　　　　A. 是　　　　　　　　 B. 否

　　4-2　农忙时家里打工或经商者回来帮忙吗？

　　　　A. 回来　　　　　　　 B. 不回来

　　4-3　回来帮忙的人，在哪里打工或者经商？

　　　　A. 本乡镇　　　　　　 B. 县内乡镇外

C. 市内县外 D. 省内市外

E. 省外

4-4 他一天能挣_____元钱？麦季要回来_____天？秋收要回来_____天？

5. 您家种粮主要是用来？

A. 卖钱 B. 满足自家及亲戚消费

C. 其他

6. 2016 年，您家年收入大概_____元？粮食收入占家庭总收入的比例是多少？

A. 10% 以下 B. 10% ~20%

C. 20% ~30% D. 30% ~50%

E. 50% 以上

7. 7-1 种粮食都是自己家的地，还是租（又称包）的或者种的别人家的地？

A. 自家 B. 自家+别人家

C. 别人家

7-2 包了别人家_____亩？

7-3 租金每年一亩地_____元？最高_____元/亩，最低_____元/亩。

7-4 到 2016 年，您包地或租地种粮几年了？_____

7-5 租赁的地租期最短_____年，最长_____年。

7-6 流转土地是否顺畅？

A. 很顺畅 B. 比较顺畅

C. 不顺畅

7-7 雇用劳动力是否容易？

A. 很容易 B. 比较容易

C. 不好找人

7-8 长期雇工人数_____人，月工资_____元/月，农忙时补贴_____元/天；农忙时临时雇工_____元/天。

7-9 粮食晾晒、储存是否困难？

A. 不困难 B. 困难

8. 您家有没有农机？

A. 有   B. 无

9. 若有，有什么农机?

　　A. 耕地农机   B. 播种机/播种施肥一体机

　　C. 施肥农机   D. 机动防虫设施

　　E. 浇地设施（如水泵、机井等） F. 收割农机

　　G. 农业运输工具   H. 脱谷机

10. 这些农机还在使用吗?

　　A. 全部使用   B. 部分使用

　　C. 都不用了

11. 除了自己用，还有偿地为其他农户服务吗?

　　A. 仅自家用   B. 自家及无偿为熟人使用

　　C. 有偿为他人服务

12. 打算再购买新农机具吗?

　　A. 不打算   B. 打算

13. 您听说过土地托管吗?

　　A. 听说过   B. 没听说过

14. 14 – 1　您家附近（几公里范围）有土地托管组织吗?

　　　　　　A. 有   B. 没有

　　14 – 2　您家附近（几公里范围）有机耕服务队、机播服务队、
　　　　　　统防统治服务队、收割服务队、晾晒（烘干）、运输等
　　　　　　服务队吗?

　　　　　　A. 有   B. 没有

15. 您参加土地托管组织了吗?

　　A. 没有   B. 参加半托管

　　C. 参加全托管

16. 如果您参加了土地托管，托管了_____亩地? 从哪一年开始
　　托管的? _____年

17. 17 – 1　小麦种植过程中，您家在哪些方面花钱请别人做的?
　　　　　　（多选）花费费用是多少?

　　　　　　A. 耕地环节   B. 播种/育秧、插秧

　　　　　　C. 施肥   D. 浇水

　　　　　　E. 除草/植保   F. 病虫害防治

G. 收割   H. 脱粒

I. 运输   J. 晾晒

K. 储存   L. 农资代买

M. 粮食代售   N. 信贷等

17 - 2 玉米种植过程中，您家在哪些方面花钱请别人做的？（多选）托管费用是多少？

A. 耕地环节   B. 播种/育秧、插秧

C. 施肥   D. 浇水

E. 除草/植保   F. 病虫害防治

G. 收割   H. 脱粒

I. 运输   J. 晾晒

K. 储存   L. 农资代买

M. 粮食代售   N. 信贷等

17 - 3 水稻种植过程中，您家在哪些方面花钱请别人做的？（多选）托管费用是多少？

A. 耕地环节   B. 播种/育秧、插秧

C. 施肥   D. 浇水

E. 除草/植保   F. 病虫害防治

G. 收割   H. 脱粒

I. 运输   J. 晾晒

K. 储存   L. 农资代买

M. 粮食代售   N. 信贷等

18. 都是请的哪些人或组织？

A. 普通农机户   B. 托管合作社

C. 供销社   D. 托管公司

E. 普通农户   F. 其他

19. 您认为土地托管组织提供服务比非土地托管组织更方便吗？

A. 不方便   B. 差不多

C. 很方便

20. 20 - 1 您认为他们服务及时、准时吗？

A. 及时、准时   B. 偶尔会晚些

C. 不及时、不准时

20-2　把地里的活交给别人干，您放心吗？

    A. 很放心　　　　　　　　B. 比较放心

    C. 不放心

21. 您认为他们收取的农机具服务费或人工费与社会上的价格相比

    A. 便宜一些　　　　　　　　B. 基本一样

    C. 更贵些

22. 22-1　土地托管组织销售农药、化肥的价格与您自己在别的

    地方购买相比

    A. 便宜一些　　　　　　　　B. 基本一样

    C. 更贵些

    22-2　农药、化肥的质量与自己购买相比

    A. 更放心　　　　　　　　B. 基本一样

    C. 更担心质量

23. 粮食单产与不托管相比是否提高？

    A. 提高了　　　　　　　　B. 基本一样

    C. 降低了

24. 粮价与自己卖相比是否提高？

    A. 提高了　　　　　　　　B. 基本一样

    C. 降低了

25. 你参加的土地托管，各项费用是如何支付的？（可多选）

    A. 提前预付　　　　　　　　B. 一项服务结束后就付费

    C. 季末统一结算

26. 您对土地托管提供的服务总体上满意吗？

    A. 很满意　　　　　　　　B. 基本满意

    C. 不满意

27. 27-1　哪些方面还想请别人做？

    A. 耕地环节　　　　　　B. 播种/育秧、插秧

    C. 施肥　　　　　　　　D. 浇水

    E. 除草/植保　　　　　　F. 病虫害防治

    G. 收割　　　　　　　　H. 脱粒

    I. 运输　　　　　　　　J. 晾晒

    K. 储存　　　　　　　　L. 农资代买

M. 粮食代售　　　　　　　N. 信贷等

27 - 2　原来为什么没有请人做？

A. 附近没有提供这种服务的

B. 不知道服务效果，在观望

C. 之前不需要

28. 28 - 1　有没有您请他们来提供服务，但他们不愿来的情况？

A. 有　　　　　　　　　　B. 没有

28 - 2　若有，可能的原因有？

A. 他们嫌地块小、不连片

B. 距离远

C. 其他原因

新型种粮主体土地托管情况调查问卷

一、作物情况

1－1 到 2017 年您家大规模种粮（　　）年了；2017 年您家种了（　　）亩地的粮食？共分为（　　）块地。

主要种什么？	小麦 2017 年	玉米 2017 年	大豆 2017 年	玉米 2016 年	大豆 2016 年	其他（　） 2016 年
播种面积						
亩产/总产量（斤）		—	—			

1－2 种植粮食主要出于什么原因？
  A. 生产简单   B. 资源投入少
  C. 收益稳定   D. 本地区传统
  E. 企业订单   F. 其他（需注明）＿＿＿

1－3 农场或生产基地与镇中心的距离？
  A. 1 公里以内   B. 2~3 公里
  C. 3 公里以上

二、土地情况

2－1 自家土地（　　）亩，开荒土地面积（　　）亩，流转土地（　　）亩。在流转土地中租赁（　　）亩，作价入股（　　）亩，采取其他形式的（　　）亩。在租赁土地中有书面合同的（　　）亩，口头协商的（　　）亩。

租金（元）	<400	401~600	601~800	801~1000	1001~1200	租期（年）	<3	3~5	>5
亩数						亩数			

2－2 流转土地是否顺利？
  A. 很顺利   B. 比较顺利
  C. 不顺利

167

2-3　在土地流转过程中是否得到相关组织的帮助？

A. 无　　　　　　　　　　　B. 村委会或生产队

C. 当地农业主管部门　　　　D. 合作社

E. 其他（需注明）

2-4　今后您在土地租赁规模上有怎样的打算？

A. 缩减规模　　　　　　　　B. 保持规模

C. 扩大规模

2-5　若缩减规模，主要原因是什么？

A. 租金、雇工等成本太高　　B. 种粮收益太低

C. 个人或家庭原因

D. 无人愿意或不知道有人愿意转出

2-6　耕地质量总体情况怎么样？耕地灌溉条件总体怎么样？耕地交通运输情况总体怎么样？

A. 较好　　　　　　　　　　B. 一般

C. 较差

三、劳动力情况

3-1　您家总共有_____人？劳动力有_____人？全程参与种粮_____人？偶尔参与种粮的有_____人？家庭成员（是/否）担任了村干部或合作社组织者？

3-2　您家在大规模种粮之前（或现在），家庭成员中（是/否）有从事和种粮相关的职业？

3-3　从事什么职业？

A. 从事农机服务　　　　　　B. 经营农资

C. 其他相关产业（请注明）

3-4　决策者特征

性别	年龄	文化程度（1=小学及以下；2=初中；3=高中及中专；4=大专及以上）	户籍是否在本村（1=是；0=否）	是否有非农就业经历（1=是；0=否）	是否参加过农业技术培训（1=是；0=否）	农闲时打工或经商吗（1=是；0=否）	打工或经商工资（元/天）

偶尔参与种粮的人打工或经商每天大约挣多少元钱？_____

3-5　雇用劳动力是否容易？

    A. 很容易　　　　　　　B. 比较容易

    C. 不好找人

3-6　2017年春季雇用劳动力（　　）人，2016年秋季大概雇用（　　）人。

3-7　您通常从哪里雇人？

    A. 当地劳动力市场　　　B. 同村或邻村乡亲

    C. 熟人介绍　　　　　　D. 亲戚

    E. 劳务合作社　　　　　F. 政府推荐

    G. 其他

3-8　雇工环节及价格

		耕地	播种	施肥	浇水	除草/植保	病虫害防治	收割	脱粒	运输	晾晒	储存
在哪些环节雇工												
人工服务费（元/亩）	小麦											
	玉米											

3-9　雇工的年龄一般为（　　）。

    A. 40岁以下　　　　　　B. 40~50岁

    C. 50~60岁　　　　　　D. 60岁以上

3-10　长期雇工人数（　　）人，月工资（　　）元/月，农忙时补贴（　　）元/天。

3-11　（是/否）与雇用工人签订劳动合同？

3-12　您觉得劳动力雇用成本高吗？

    A. 非常高且承受困难　　B. 较高但能承受

    C. 适中

3-13　您认为雇工干的活怎么样？

    A. 非常满意　　　　　　B. 较满意

    C. 满意　　　　　　　　D. 较不满意

    E. 非常不满意

四、土地托管认知及参与情况

4 – 1　您听说过土地托管吗？

　　　A. 听说过　　　　　　　　　B. 没听说过

4 – 2　您家附近（几公里范围）有土地托管组织吗？

　　　A. 有　　　　　　　　　　　B. 没有

4 – 3　您家附近（几公里范围）有机耕服务队、机播服务队、统防统治服务队、收割服务队、晾晒（烘干）、运输等服务队吗？

　　　A. 有　　　　　　　　　　　B. 没有

4 – 4　您参加土地托管组织了吗？

　　　A. 没有　　　　　　　　　　B. 参加半托管

　　　C. 参加全托管

4 – 5　如果您参加了土地托管，托管了_____亩地？从哪一年开始托管的？ _____年。

五、农资代买需求

5 – 1　您平时主要在哪里购买种子、化肥、农药？（可多选）

　　　A. 农资专卖店　　　　　　　B. 厂家统一订购

　　　C. 合作社　　　　　　　　　D. 村里统一购买

　　　E. 供销社　　　　　　　　　F. 网上购置

　　　G. 当地政府推荐购买

5 – 2　您选择现用农药、化肥的原因是什么？（可多选）

　　　A. 效果好　　　　　　　　　B. 环保低毒

　　　C. 周围人都在用　　　　　　D. 经销商推荐

　　　E. 当地农技部门指导　　　　F. 电视广告

　　　G. 书刊报纸

5 – 3　您在选种时最看重哪两项？

　　　A. 产量高　　　　　　　　　B. 品牌知名度高

　　　C. 粮食卖价高　　　　　　　D. 抗病抗倒伏

　　　E. 其他

5 – 4　化肥和农药的使用量依据是什么？

A. 销售人员指导　　　　　B. 经验

C. 使用说明书　　　　　　D. 农技人员指导

E. 国家标准

每亩施用量（元/亩）	种子	化肥	农药
小麦			
玉米			

5－5　您家（是/否）需要农资代买服务，或团购服务？您认为农资代买或团购可以降低农资的价格吗？

A. 降低不少　　　　　　　B. 降低一点

C. 差不多

5－6　您认为农资代买或团购可以保障农资的质量吗？

A. 有保障　　　　　　　　B. 差不多

C. 不如自己买的放心

六、农业机械服务需求

6－1　您家哪些生产环节用到农机（可多选）

A. 耕地　　　　　　　　　B. 播种

C. 施肥　　　　　　　　　D. 打药

E. 灌溉　　　　　　　　　F. 收割

G. 运输　　　　　　　　　H. 脱粒

I. 晾晒

6－2　您家哪些生产环节需要农机服务（可多选）

A. 耕地　　　　　　　　　B. 播种

C. 施肥　　　　　　　　　D. 打药

E. 灌溉　　　　　　　　　F. 收割

G. 运输　　　　　　　　　H. 脱粒

I. 晾晒

6－3　您家农机使用情况

农机类型		旋耕机	施肥农机	播种机	打药机	灌溉设备	收割机	脱粒机	运输农机	烘干农机
您家购置了哪些农机										
购置时是否获得补贴										
买价多少										
每亩使用成本										
预计共使用几年										
还需要哪些农机服务										
机械服务费（元/亩）	小麦									
	玉米									

6-4　您认为农机服务收费怎么样？

　　A. 太高了　　　　　　　　B. 有点高

　　C. 收费合理

6-5　您认为农机作业质量怎样？

　　A. 很好　　　　　　　　　B. 一般

　　C. 不太好但能勉强接受

6-6　总体上，您对农机服务满意吗？

　　A. 很满意　　　　　　　　B. 比较满意

　　C. 基本满意　　　　　　　D. 不太满意

　　E. 非常不满意

6-7　您（是/否）需要农机配套服务，需要哪些？

　　A. 农机维修　　　　　　　B. 农机保养

　　C. 农机停驻

6-8　您家是否有因为机械故障而耽误生产的情况？

　　A. 经常有　　　　　　　　B. 偶尔有

　　C. 基本没有

6-9　您家几公里内（是/否）有农机维修点吗？

6-10　您认为农机维修、保养服务的价格怎么样？

　　A. 太高了　　　　　　　　B. 有点高

　　C. 基本合理

6-11　对农机维修保养服务质量满意吗？

A. 很满意　　　　　　　B. 比较满意

C. 基本满意　　　　　　D. 不太满意

E. 非常不满意

七、晾晒、烘干、仓储与销售服务需求

7-1　您家粮食晾晒场地（是/否）充足？（是/否）有专门的烘干
　　　设备？
　　　您家仓储条件好吗？（是/否）还需要仓储服务吗？（是/否）

7-2　主要以什么方式晾干粮食？

A. 场地　　　　　　　　B. 马路

C. 机械烘干　　　　　　D. 其他

7-3　您（是/否）还需要专门的烘干服务？

7-4　您认为现有的烘干价格合理吗？

A. 价格过高　　　　　　B. 可以接受

7-5　烘干效果怎么样？

A. 效果很好　　　　　　B. 效果还行

C. 效果不好

7-6　您家的仓储条件好吗？

A. 很好　　　　　　　　B. 一般

C. 不好

7-7　（是/否）还需要仓储服务？

7-8　您家粮食销售方式是（　　　）。

A. 自己卖到粮库或用粮企业　B. 上门收购

C. 合作组织统一销售　　D. 由村集体统一销售

E. 出售给订单企业　　　F. 网络销售

7-9　您认为合作社代销能比自己卖的高吗？

A. 提高很多　　　　　　B. 提高一点

C. 基本一样

7-10　你需要这种代售的销售形式吗？

A. 很需要　　　　　　　B. 一般需要

C. 不需要

7-11　通过企业订单销售粮食能够提高售价吗？

A. 提高很多   B. 提高一点

C. 基本一样

7－12　您需要这种销售形式吗？

A. 很需要   B. 一般需要

C. 不需要

7－13　部分粮食不出售的原因是什么？

A. 价格不满意   B. 自己作为口粮

C. 做饲料用   D. 其他

7－14　2017 年，小麦（　　）元/斤。2016 年玉米（　　）元/斤，2016 年大豆（　　）元/斤。

7－15　您家粮食纯收入（　　）？占总收入（　　）？年收入大概（　　）元？

A. 30% 以下   B. 30%～50%

C. 50%～80%   D. 80% 以上

参 考 文 献

［1］安琪、李天浩、李梦：《河北省鹿泉市土地托管现状调查与分析》，载于《中共石家庄市委党校学报》2009 年第 12 期。

［2］白璐、金娟：《全泉合作社的秋粮丰收季》，载于《中国农机化导报》2014 年 10 月 13 日。

［3］暴丽艳：《供销社在农业社会化服务体系中的作用及实现路径》，载于《经济问题》2009 年第 2 期。

［4］蔡慧敏：《土地托管：新型农业经营方式的探索与启示——以亲耕田种植合作社为例》，载于《经济研究导刊》2014 年第 7 期。

［5］蔡维：《农机深松整地作业 40 问》，载于《湖北农机化》2016 年第 5 期。

［6］蔡艺艺、林婧影、叶炎金等：《泉州市山垄田季节性撂荒调查分析》，载于《福建农业科技》2015 年第 2 期。

［7］曾福生：《建立农地流转保障粮食安全的激励与约束机制》，载于《农业经济问题》2015 年第 36 期。

［8］曾靖、常春华、王雅鹏：《基于粮食安全的我国化肥投入研究》，载于《农业经济问题》2010 年第 1 卷第 5 期。

［9］曾靖：《湖北省"粮食龙头企业＋农户"经营模式的改革创新研究》，载于《农村经济与科技》2016 年第 27 卷第 23 期。

［10］查定全：《长丰企业土地托管模式思考》，载于《农村经营管理》2014 年第 131 期。

［11］常慕城：《全市农机专业合作社总数达到 733 个》，载于《菏泽日报》2015 年 7 月 20 日。

［12］陈春生：《中国农户的演化逻辑与分类》，载于《农业经济问题》2007 年第 11 期。

［13］陈恩明、吴莉丽、孙丽燕：《滨州全泉示范农场的创建与实

践》，载于《山东农机化》2013 年第 5 期。

[14] 陈怀远、王瑞雪、李志忠：《以发展现代农业引领滁州"百亿粮仓"建设》，载于《经济与社会发展》2012 年第 10 卷第 6 期。

[15] 陈纪平：《组织视角的中国农业规模化问题分析》，载于《中国经济问题》2012 年第 6 期。

[16] 陈建发、黄慧珍：《九龙江北溪干流甲藻爆发的污染成因分析及防治对策》，载于《漳州职业技术学院学报》2010 年第 12 卷第 4 期。

[17] 陈建华：《农业规模经营的新模式——土地托管合作社》，载于《农村金融研究》2012 年第 10 期。

[18] 陈胜祥：《分化与变迁：转型期农民土地意识研究》，经济管理出版社 2010 年版。

[19] 陈诗波、谭鑫、余志刚等：《粮食主产区耕地隐性撂荒的形式、成因及应对策略》，载于《农业经济与管理》2016 年第 4 期。

[20] 陈锡文：《构建新型农业经营体系　加快发展现代农业步伐》，载于《经济研究》2013 年第 48 卷第 2 期。

[21] 陈曦：《山东省新型农业社会化服务体系现状、问题与对策研究》，山东大学硕士学位论文，2015 年。

[22] 陈颐：《"美来众联"挖掘土地托管双赢价值的探索》，载于《中国县域经济报》2017 年 10 月 19 日。

[23] 陈义媛：《土地托管的实践与组织困境：对农业社会化服务体系构建的思考》，载于《南京农业大学学报（社会科学版）》2017 年第 17 卷第 6 期。

[24] 陈颖：《海南农业综合开发企业：土地托管合作经营带动万亩香蕉增收》，载于《中华合作时报》2017 年 6 月 27 日。

[25] 程郁、陈春良、王宾等：《农村产权制度改革与经营方式创新——多案例比较的视角》，中国经济改革研究基金会，2017 年 7 月 1 日。

[26] 戴伙峥：《农村耕地抛荒的多层治理》，载于《南昌大学学报（人文社会科学版）》2017 年第 48 卷第 4 期。

[27] 党银侠：《我国绿色农业制约因素分析与发展对策研究》，西北农林科技大学硕士学位论文，2008 年。

[28] 丁文恩：《基于公共财政视角的财政农业投入研究》，北京林

业大学博士学位论文，2009年。

[29] 董欢、郭晓鸣：《生产性服务与传统农业：改造抑或延续——基于四川省501份农户家庭问卷的实证分析》，载于《经济学家》2014年第6期。

[30] 董欢：《农业经营主体分化视角下农机作业服务的发展研究》，中国农业大学博士学位论文，2016年。

[31] 杜志雄、王新志：《加快家庭农场发展的思考与建议》，载于《中国合作经济》2013年第8期。

[32] 段玉杰：《中国农业面源污染现状及改善对策》，载于《环境研究与监测》2010年第23卷第2期。

[33] 范亚旭、张培奇：《"双创"助推焦作现代农业提质增效》，载于《农民日报》2016年8月9日。

[34] 高强、孔祥智：《我国农业社会化服务体系演进轨迹与政策匹配：1978～2013年》，载于《改革》2013年第4期。

[35] 郜亮亮、杜志雄：《教育水准、代际关系与家庭农场演进的多重因素》，载于《改革》2016年第9期。

[36] 耿红山：《基于农民增收视角的河南土地托管经营模式探索》，载于《产业与科技论坛》2015年第14卷第4期。

[37] 龚道广：《农业社会化服务的一般理论及其对农户选择的应用分析》，载于《中国农村观察》2000年第6期。

[38] 关锐捷：《共同破解农业社会化服务体系建设难题》，载于《农业经营管理》2012年第11期。

[39] 关锐捷：《构建新型农业社会化服务体系初探》，载于《农业经济问题》2012年第33卷第4期。

[40] 郭梅枝：《新型城镇化背景下家庭农场运行机制探讨》，载于《合作经济与科技》2016年第15期。

[41] 郭晓鸣：《推进土地流转与适度规模经营需要高度关注四个问题》，载于《农村经营管理》2014年第11期。

[42] 郭晓鸣、左喆瑜：《基于老龄化视角的传统农区农户生产技术选择与技术效率分析——来自四川省富顺、安岳、中江3县的农户微观数据》，载于《农业技术经济》2015年第1期。

[43]《创新农业经营方式的有益探索——安徽省凤台县农村土地

托管调查》，国研中心课题组，2013年。

[44] 韩瀚、王安然、徐华等：《土地托管解决外出农民种地难题》，载于《河北日报》2014年7月17日。

[45] 韩立民、李大海：《"蓝色粮仓"：国家粮食安全的战略保障》，载于《农业经济问题》2015年第36卷第1期。

[46] 河南省供销合作社：《主动作为　大胆实践　不断提升农业社会化服务水平》，载于《中华合作时报》2016年1月5日。

[47] 衡霞、程世云：《农地流转中的农民权益保障研究——以土地托管组织为例》，载于《农村经济》2014年第2期。

[48] 侯方安：《农业机械化推进机制的影响因素分析及政策启示——兼论耕地细碎化经营方式对农业机械化的影响》，载于《中国农村观察》2008年第5期。

[49] 胡方燕：《比较优势、规模化经营与中国粮食优势产区建设研究》，西南财经大学，2010年。

[50] 胡岳岷、刘元胜：《中国粮食安全：价值维度与战略选择》，载于《经济学家》2013年第5期。

[51] 花宇：《农村土地托管全解读——基于王蔚教授的调研》，载于《农村大众》2016年12月13日。

[52] 黄季焜、杨军、仇焕广：《新时期国家粮食安全战略和政策的思考》，载于《农业经济问题》2012年第33卷第3期。

[53] 贾广东、张伟民：《鸿运富民土地托管专业合作社运作情况分析》，载于《中国农民合作社》2013年第12期。

[54] 江丽：《农业服务规模化推动农业现代化的理论与实践研究——以山东省供销社系统为例》，载于《改革与战略》2015年第31卷第12期。

[55] 姜松、曹峥林、刘晗：《农业社会化服务对土地适度规模经营影响及比较研究——基于CHIP微观数据的实证》，载于《农业技术经济》2016年第11期。

[56] 姜长云：《发展农业生产性服务业的模式、启示与政策建议——对山东省平度市发展高端特色品牌农业的调查与思考》，载于《宏观经济研究》2011年第3期。

[57] 姜长云：《关于发展农业生产性服务业的思考》，载于《农业

经济问题》2016 年第 37 卷第 5 期。

［58］姜长云：《农户分化对粮食生产和种植行为选择的影响及政策思考》，载于《理论探讨》2015 年第 1 期。

［59］姜长云：《农业产中服务需要重视的两个问题》，载于《宏观经济管理》2014 年第 10 期。

［60］焦新颖、许玉兰：《现代农业发展视角下的土地制度创新——以鹿泉市联民土地托管专业合作社为例》，载于《农村经济》2010 年第 7 期。

［61］金书秦、沈贵银：《中国农业面源污染的困境摆脱与绿色转型》，载于《改革》2013 年第 5 期。

［62］康亚军、周建勃、刘亚妮：《"土地托管第一人"——记"全国十佳农民"薛拓》，载于《农机科技推广》2017 年第 5 期。

［63］黎东升、曾靖：《经济新常态下我国粮食安全面临的挑战》，载于《农业经济问题》2015 年第 36 卷第 5 期。

［64］李炳坤：《发展现代农业与龙头企业的历史责任》，载于《农业经济问题》2006 年第 9 期。

［65］李春海：《新型农业社会化服务体系：运行机理、现实约束与建设路径》，载于《经济问题探索》2011 年第 12 期。

［66］李春海：《新型农业社会化服务体系框架及其运行机理》，载于《改革》2011 年第 10 期。

［67］李登旺、王颖：《土地托管：农民专业合作社的经营方式创新及动因分析——以山东省嘉祥县为例》，载于《农村经济》2013 年第 8 期。

［68］李凤南：《农村耕地抛荒的法律对策研究》，西南大学硕士学位论文，2015 年。

［69］李贵银：《借鉴农村经验　推进农垦土地规模化经营》，载于《中国农垦》2016 年第 4 期。

［70］李谷成、冯中朝、占绍文：《家庭禀赋对农户家庭经营技术效率的影响冲击——基于湖北省农户的随机前沿生产函数实证》，载于《统计研究》2008 年第 1 期。

［71］李宏、李钢：《机械化深耕深松的重要作用》，载于《吉林农业》2014 年第 23 期。

[72] 李金超：《创新为农服务方式　开展土地托管服务　河南濮阳市供销合作社探索破解"谁来种地、地怎么种"难题》，载于《中国合作经济》2015 年第 7 期。

[73] 李俊高、李萍：《我国农地撂荒及其分类治理：基于马克思地租理论的拓展分析》，载于《财经科学》2016 年第 12 期。

[74] 李梦龙、张怀良：《土地托管激发"钱"力》，载于《洛阳日报》2017 年 8 月 17 日。

[75] 李强：《农业面源污染综合防治》，载于《农业科技通讯》2011 年第 6 期。

[76] 李俏、王建华：《现代农业社会化服务体系发展路径探析》，载于《宏观经济管理》2012 年第 9 期。

[77] 李俏、张波：《农业社会化服务需求的影响因素分析——基于陕西省 74 个村 214 户农户的抽样调查》，载于《农村经济》2011 年第 6 期。

[78] 李清明、杨茹莎、焦雪梅：《农机合作社农场：一种农机经营模式的创新——山东省邹平县全泉农机合作社农场扫描》，载于《中国农民合作社》2013 年第 10 期。

[79] 李容容、罗小锋、薛龙飞：《种植大户对农业社会化服务组织的选择：营利性组织还是非营利性组织?》，载于《中国农村观察》2015 年第 5 期。

[80] 栗云端：《我国农业生产中粮食质量安全问题分析》，载于《中国农业资源与区划》2014 年第 35 卷第 2 期。

[81] 梁波：《中原经济区现代农业社会化服务体系研究》，载于《农场经济管理》2014 年第 1 期。

[82] 刘强、杨万江：《农户行为视角下农业生产性服务对土地规模经营的影响》，载于《中国农业大学学报》2016 年第 21 卷第 9 期。

[83] 刘青、马怀礼：《新型农业经营主体的现状与展望——以亳州市蒙城县为例》，载于《安徽农业科学》2015 年第 43 卷第 2 期。

[84] 刘天华：《土地托管促规模　稳粮增产出效益》，载于《中国农民合作社》2017 年第 1 期。

[85] 楼栋、孔祥智：《合作社提供农业社会化服务的 SWOT 分析》，载于《中国农民合作社》2013 年第 9 期。

［86］陆文聪、李元龙、祁慧博：《全球化背景下中国粮食供求区域均衡：对国家粮食安全的启示》，载于《农业经济问题》2011 年第32 卷第4 期。

［87］罗青：《"国家农民合作社示范社"系列报道二十七 土地托管背后的期待》，载于《中国农民合作社》2014 年第12 期。

［88］罗小锋、向潇潇、李容容：《种植大户最迫切需求的农业社会化服务是什么》，载于《农业技术经济》2016 年第5 期。

［89］吕芙蓉：《以信息化工程为契机发展农业生产性服务业》，载于《宏观经济管理》2015 年第5 期。

［90］吕晶：《榆林农民：百万亩土地交企业种植》，载于《榆林日报》2017 年9 月28 日。

［91］吕新业、冀县卿：《关于中国粮食安全问题的再思考》，载于《农业经济问题》2013 年第34 卷第9 期。

［92］吕亚荣、李登旺：《土地托管专业合作社：运作模式、成效、问题及对策建议——以嘉祥县鸿运富民合作社为例》，载于《农业经济与管理》2013 年第15 期。

［93］马博虎：《我国粮食贸易中农业资源要素流研究》，西北农林科技大学博士学位论文，2010 年。

［94］马铭蔚：《中国粮食国际竞争力研究》，天津财经大学硕士学位论文，2012 年。

［95］毛学峰、刘靖、朱信凯：《中国粮食结构与粮食安全：基于粮食流通贸易的视角》，载于《管理世界》2015 年第3 期。

［96］孟莉：《天津地区新农村建设中宅基地流转、方式、规划研究》，天津大学硕士学位论文，2013 年。

［97］倪国华、郑风田：《粮食安全背景下的生态安全与食品安全》，载于《中国农村观察》2012 年第4 期。

［98］聂英：《中国粮食安全的耕地贡献分析》，载于《经济学家》2015 年第1 期。

［99］《农业部 国家发展改革委 财政部关于加快发展农业生产性服务业的指导意见》，载于《农村经营管理》2017 年第9 期。

［100］《农业部 财政部印发关于支持农业生产社会化服务工作的通知》，载于《中国农技推广》2017 年第33 卷第7 期。

［101］《农业部办公厅关于大力推进农业生产托管的指导意见》，载于《吉林农业》2017年第20期。

［102］潘宏宇、白云峰：《依兰"一减四增"全力调结构》，载于《黑龙江日报》2016年6月8日。

［103］潘俊强：《山东汶上县：农民土地托管供销社　种地打工两不误》，载于《决策探索（上半月）》2013年第9期。

［104］潘旭东、马晓平：《世界粮食危机背景下我国粮食安全问题探析》，载于《价格月刊》2010年第12期。

［105］彭代彦、吴翔：《中国农业技术效率与全要素生产率研究——基于农村劳动力结构变化的视角》，载于《经济学家》2013年第9期。

［106］彭代彦、文乐：《农村劳动力老龄化、女性化降低了粮食生产效率吗——基于随机前沿的南北方比较分析》，载于《农业技术经济》2016年第2期。

［107］钱克明、彭廷军：《关于现代农业经营主体的调研报告》，载于《农业经济问题》2013年第34卷第6期。

［108］乔金友、洪魁、郝雨萱等：《黑龙江省农机合作社存在问题及发展对策》，载于《农机化研究》2017年第11期。

［109］秦守勤：《我国粮食安全的忧思及其法律对策》，载于《农业经济》2012年第8期。

［110］饶静、许翔宇、纪晓婷：《我国农业面源污染现状、发生机制和对策研究》，载于《农业经济问题》2011年第32卷第8期。

［111］任晓娜：《种粮大户经营状况与困境摆脱：五省155户证据》，载于《改革》2015年第5期。

［112］山东省供销合作社联合社：《关于供销合作社推进农村一二三产业融合发展报告》，2016年。

［113］山东省供销合作社联合社：《山东省供销合作社综合改革试点工作资料汇编：农业服务规模化创新工程篇》，2015年。

［114］山东省供销合作社联合社：《山东省供销合作社综合改革试点工作资料汇编：综合篇》，2015年。

［115］潘俊强：《山东汶上县：农民土地托管供销社　种地打工两不误》，载于《人民日报》2013年4月18日版。

［116］尚旭东、朱守银：《粮食安全保障背景的适度规模经营突破与回归》，载于《改革》2017年第2期。

［117］沈茹、王树进：《家庭农场社会化服务需求及其影响因素分析——基于安徽省水稻种植户的调查数据》，载于《湖南农业大学学报（社会科学版）》2014年第15卷第6期。

［118］束放：《2015年我国农药生产与使用概况分析》，载于《农药市场信息》2016年第21期。

［119］宋洪远：《新型农业社会化服务体系建设的探索之路》，载于《中国乡村发现》2010年第1期。

［120］宋洪远：《实现粮食供求平衡？保障国家粮食安全》，载于《南京农业大学学报（社会科学版）》2016年第16卷第4期。

［121］孙顶强、卢宇桐、田旭：《生产性服务对中国水稻生产技术效率的影响——基于吉、浙、湘、川4省微观调查数据的实证分析》，载于《中国农村经济》2016年第8期。

［122］孙晓燕、苏昕：《土地托管、总收益与种粮意愿——兼业农户粮食增效与务工增收视角》，载于《农业经济问题》2012年第33卷第8期。

［123］孙新华：《村社主导、农民组织化与农业服务规模化——基于土地托管和联耕联种实践的分析》，载于《南京农业大学学报（社会科学版）》2017年第17卷第6期。

［124］孙亚兵：《发展土地托管　保障粮食生产——河南南阳土地托管的调查与思考》，载于《决策探索（下半月）》2016年第24期。

［125］仝志辉、侯宏伟：《农业社会化服务体系：对象选择与构建策略》，载于《改革》2015年第1期。

［126］王存兴、张猛、王玉清等：《土地托管拓宽农民增收路》，载于《农村经营管理》2014年第32期。

［127］王大为、蒋和平：《基于农业供给侧结构改革下对我国粮食安全的若干思考》，载于《经济学家》2017年第6期。

［128］王道金：《贫困农户变社员　撂荒土地变良田》，载于《中华合作时报》2016年12月2日。

［129］王国安：《农业面源污染的成因及其治理》，载于《世界农业》2010年第11期。

[130] 王建增：《新农村建设背景下我国新型农业社会化服务体系建设研究》，载于《安徽农业科学》2011 年第 39 卷第 33 期。

[131] 王毛毛：《农民打工种地两不误》，载于《西安日报》2013 年 5 月 2 日。

[132] 王涛：《五征企社共建蹚出土地托管新模式》，载于《当代农机》2017 年第 6 期。

[133] 王蔚、徐勤航、周雪：《土地托管与农业服务规模化经营研究——以山东省供销社实践为例》，载于《山东财经大学学报》2017 年第 29 卷第 5 期。

[134] 王禹：《新形势下我国粮食安全保障研究》，中国农业科学院博士学位论文，2016 年。

[135] 王玉茹：《"十三五"时期我国粮食安全保障策略研究》，载于《经济纵横》2016 年第 1 期。

[136] 王钊、刘晗、曹峥林：《农业社会化服务需求分析——基于重庆市 191 户农户的样本调查》，载于《农业技术经济》2015 年第 9 期。

[137] 韦彩玲：《土地流转"龙头企业 + 合作社 + 农民"模式的潜在问题及对策研究》，载于《甘肃社会科学》2012 年第 6 期。

[138] 卫龙宝、张艳虹、高叙文：《我国农业劳动力转移对粮食安全的影响——基于面板数据的实证分析》，载于《经济问题探索》2017 年第 2 期。

[139] 魏海刚：《农产品中农药残留机制分析与治理路径》，载于《农产品质量与安全》2011 年第 5 期。

[140] 吴宏伟、侯为波、卓翔芝：《传统农业区农业生产性服务业现状、问题和发展思路——以安徽省为例的实证分析》，载于《农村经济》2011 年第 9 期。

[141] 吴林海、侯博、高申荣：《基于结构方程模型的分散农户农药残留认知与主要影响因素分析》，载于《中国农村经济》2011 年第 3 期。

[142] 夏蓓、蒋乃华：《种粮大户需要农业社会化服务吗——基于江苏省扬州地区 264 个样本农户的调查》，载于《农业技术经济》2016 年第 8 期。

[143] 夏莉艳：《"民工荒"背景下农业劳动力老龄化的思考》，载于《南方农村》2012年第28卷第8期。

[144] 夏益国、宫春生：《粮食安全视阈下农业适度规模经营与新型职业农民——耦合机制、国际经验与启示》，载于《农业经济问题》2015年第36卷第5期。

[145] 肖小勇、李秋萍：《教育、健康与农业生产技术效率实证研究——基于1999~2009年省级面板数据》，载于《华中农业大学学报（社会科学版）》2012年第3期。

[146] 熊主武：《高度重视耕地抛荒问题》，载于《中国发展观察》2013年第6期。

[147] 徐春光：《"土地托管"拓宽农民增收路》，载于《山东农机化》2017年第1期。

[148] 徐锦庚、潘俊强：《山东供销社变身"三农管家"》，载于《人民日报》2015年4月12日。

[149] 徐莉：《我国农地抛荒的经济学分析》，载于《经济问题探索》2010年第8期。

[150] 徐莉：《城市化进程中如何解决农地抛荒问题》，载于《农村经济》2010年第3期。

[151] 徐润邑、马自清、刘春光等：《推广冬牧70黑麦复种两熟制模式 促进宁夏引黄灌区耕作制度改革》，载于《中国农技推广》2017年第33卷第7期。

[152] 徐雪高、沈贵银、何在中：《农户兼业化发展及未来研究展望》，载于《农业展望》2017年第13卷第2期。

[153] 徐颖：《兴盛专业合作社探索"土地托管"新模式》，载于《农机科技推广》2013年第1期。

[154] 许保疆、程红建、王强等：《农村土地托管模式的探索与研究》，载于《农学学报》2017年第3期。

[155] 闫小欢、霍学喜：《农民就业、农村社会保障和土地流转——基于河南省479个农户调查的分析》，载于《农业技术经济》2013年第7期。

[156] 杨凤书、高玉兰、卢小磊等：《中国农业社会化服务体系发展中存在的问题及对策分析》，载于《经济研究导刊》2011年第21期。

［157］杨建利：《完善我国粮食直补政策研究》，西南财经大学，2016年。

［158］杨洁、王兆亮、尹骞等：《基于SWOT分析的土地托管服务研究》，载于《山东农业科学》2014年第10期。

［159］杨静、陈亮、冯卓：《国际农业垄断资本对发展中国家粮食安全影响的分析——兼对保障中国粮食安全的思考》，载于《中国农村经济》2017年第4期。

［160］杨仕智、杨琴冬子：《喜耕田创出土地流转新模式》，载于《焦作日报》2009年6月10日。

［161］杨视：《黑龙江土地托管打破行政壁垒》，载于《黑龙江经济报》2006年9月1日。

［162］杨万江、李琪：《我国农户水稻生产技术效率分析——基于11省761户调查数据》，载于《农业技术经济》2016年第1期。

［163］杨万江、李琪：《农户兼业、生产性服务与水稻种植面积决策——基于11省1646户农户的实证研究》，载于《中国农业大学学报（社会科学版）》2018年第1卷第35期。

［164］杨万江、李琪：《新型经营主体生产性服务对水稻生产技术效率的影响研究——基于12省1926户农户调研数据》，载于《华中农业大学学报（社会科学版）》2017年第5期。

［165］佚名：《〈大众日报〉调查：山东省土地托管释放红利》，载于《领导决策信息》2013年第42期。

［166］佚名：《山东省全泉农机合作社：勇当粮食生产全程机械化排头兵》，载于《中国农机化导报》2015年11月30日。

［167］殷秋霞：《农业补贴政策对不同资源禀赋农户种粮决策行为影响机理及政策优化研究》，江西农业大学硕士学位论文，2014年。

［168］余艳锋、彭柳林：《江西省耕地集中连片规模经营难题破解的对策思考》，载于《农业经济与管理》2017年第3期。

［169］余正言、何报文：《调优结构：聚焦提质增效的现代农业》，载于《河南日报》2017年8月21日。

［170］虞洪：《种粮主体行为变化对粮食安全的影响及对策研究》，西南财经大学博士学位论文，2016年。

［171］张红宇、李伟毅：《新型农业经营主体：现状与发展》，载

于《中国农民合作社》2014 年第 10 期。

[172] 张红宇、张涛、孙秀艳等：《农业大县如何发展农业生产性服务业——四川省的调研与思考》，载于《农业经济问题》2015 年第 36 卷第 12 期。

[173] 张红宇：《新型农业经营主体发展趋势研究》，载于《经济与管理评论》2015 年第 31 卷第 1 期。

[174] 张军：《农业发展的第三次浪潮》，载于《中国农村经济》2015 年第 5 期。

[175] 张克俊、黄可心：《土地托管模式：农业经营方式的重要创新——基于宜宾长宁县的调查》，载于《农村经济》2013 年第 4 期。

[176] 张兰：《我国农村环境问题的成因及对策》，引自中国法学会环境资源法学研究会、昆明理工大学主编：《生态文明与环境资源法——2009 年全国环境资源法学研讨会（年会）论文集》，中国法学会环境资源法学研究会、昆明理工大学，2009 年。

[177] 张茜、屈鑫涛、魏晨：《粮食安全背景下的家庭农场"非粮化"研究——以河南省舞钢市 21 个家庭农场为个案》，载于《东南学术》2014 年第 3 期。

[178] 张庆娥、杨军：《我国粮食质量安全现状与监管体系对策分析》，载于《粮油食品科技》2014 年第 22 卷第 4 期。

[179] 张雯丽：《土地托管模式是规模化经营的新途径》，载于《农民日报》2012 年 6 月 9 日。

[180] 张霄鹏、闫顺安、张丹：《宝丰县金牛种植专业合作社实施"土地托管"成效及前景综述》，载于《安徽农学通报》2011 年第 24 期。

[181] 张颖熙、夏杰长：《农业社会化服务体系创新的动力机制与路径选择》，载于《宏观经济研究》2010 年第 8 期。

[182] 张元红、刘长全、国鲁来：《中国粮食安全状况评价与战略思考》，载于《中国农村观察》2015 年第 1 期。

[183] 张忠军、易中懿：《农业生产性服务外包对水稻生产率的影响研究——基于 358 个农户的实证分析》，载于《农业经济问题》2015 年第 36 卷第 10 期。

[184] 张忠明、钱文荣：《不同兼业程度下的农户土地流转意愿研究——基于浙江的调查与实证》，载于《农业经济问题》2014 年第 35

卷第 3 期。

[185] 赵洪杰:《党报与农业改革如何良性互动——以山东土地托管报道为例》,载于《青年记者》2016 年第 13 期。

[186] 赵佳、姜长云:《兼业小农抑或家庭农场——中国农业家庭经营组织变迁的路径选择》,载于《农业经济问题》2015 年第 36 卷第 3 期。

[187] 赵佳:《改革开放以来中国农业微观经济组织的变迁与创新研究》,中国农业大学,2015 年。

[188] 赵鲲:《共享土地经营权:农业规模经营的有效实现形式》,载于《农业经济问题》2016 年第 37 卷第 8 期。

[189] 赵青、许皞、郭年冬:《粮食安全视角下的环京津地区耕地生态补偿量化研究》,载于《中国生态农业学报》2017 年第 25 卷第 7 期。

[190] 赵真、詹长根、周玮:《河北省鹿泉市土地托管模式的探讨》,载于《国土资源科技管理》2010 年第 5 期。

[191]《支持构建我省新型农业社会化服务体系对策研究》,引自《湖南财政与"三农"问题研究课题结题报告》,2013 年结题。

[192] 钟甫宁:《正确认识粮食安全和农业劳动力成本问题》,载于《农业经济问题》2016 年第 37 卷第 1 期。

[193] 周娟:《基于生产力分化的农村社会阶层重塑及其影响——农业社会化服务的视角》,载于《中国农村观察》2017 年第 5 期。

[194] 朱瑞华、范翠兰、曲常迅:《创新服务模式 做托管"田保姆"——青岛蒲家植保专业合作社积极探讨专业化社会服务》,载于《中国农技推广》2014 年第 12 期。

[195] 朱兆良、金继运:《保障我国粮食安全的肥料问题》,载于《植物营养与肥料学报》2013 年第 19 卷第 2 期。

[196] 庄丽娟、贺梅英、张杰:《农业生产性服务需求意愿及影响因素分析——以广东省 450 户荔枝生产者的调查为例》,载于《中国农村经济》2011 年第 3 期。

[197] Antonio Alvarez and Carlos Arias, Technical efficiency and farm size: a conditional analysis. *Agricultural Economics*, Vol. 30, No. 3, 2003, pp. 241 –250.

[198] Brian C. Briggeman, Allan W. Gray, Mitchell J. Morehart et al.,

A New U. S. Farm Household Typology: Implications for Agricultural Policy. *Review of Agricultural Economics*, Vol. 29, No. 4, 2007, pp. 765 – 782.

[199] Christopher B. Barrett, On price risk and the inverse farm size-productivity relationship. *Journal of Development Economics*, Vol. 51, No. 2, 1996, pp. 193 – 215.

[200] Colin Brown, Scott Waldron, John Longworth, Specialty products, rural livelihoods and agricultural marketing reforms in China. *China Agricultural Economic Review*, Vol. 3, No. 2, 2011.

[201] Donkor Emmanuel, Enoch Owusu – Sekyere, Victor Owusu et al. , Impact of agricultural extension service on adoption of chemical fertilizer: Implications for rice productivity and development in Ghana. *NJAS – Wageningen Journal of Life Sciences*, 2016, pp. 41 – 49.

[202] Dragan Miljkovic, Optimal timing in the problem of family farm transfer from parent to child: an option value approach. *Journal of Development Economics*, Vol. 61, No. 2, 2000, pp. 543 – 552.

[203] Efthalia Dimara, Dimitris Skuras, Kostas Tsekouras et al. , Productive efficiency and firm exit in the food sector. *Food Policy*, Vol. 33, No. 2, 2007, pp. 185 – 196.

[204] Helen Macnaughtan, The Role of Tradition in Japan's Industrialization: Another Path to Industrialization (Japanese Studies in Economic and Social History, Volume 2) – Edited by Masayuki Tanimoto. *Australian Economic History Review*, Vol. 48, No. 3, 2008, pp. 307 – 308.

[205] J. Edward Taylor, Irma Adelman, Agricultural Household Models: Genesis, Evolution, and Extensions. *Review of Economics of the Household*, Vol. 1 (1 – 2), 2003, pp. 33 – 58.

[206] Jie Chen, Rapid urbanization in China: A real challenge to soil protection and food security. *Catena*, 2006.

[207] Jin Yang, Zuhui Huang, Xiaobo Zhang et al. , The Rapid Rise of Cross – Regional Agricultural Mechanization Services in China. *American Journal of Agricultural Economics*, Vol. 95, No. 5, 2013, pp. 1245 – 1251.

[208] Katarzyna Marzęda – Młynarska, Food security: from national to global goverment. *Annales UMCS*, *Sectio K* (*Politologia*), Vol. 20, No. 1,

2013, pp. 33 – 50.

[209] Keijiro Otsuka, Food insecurity, income inequality, and the changing comparative advantage in world agriculture. *Agricultural Economics*, Vol. 44 (s1). 2013.

[210] Lihua Li, Chenggang Wang, Eduardo Segarra et al. , Migration, remittances, and agricultural productivity in small farming systems in Northwest China. *China Agricultural Economic Review*, Vol. 5, No. 1, 2013.

[211] Margaret Alston, Kerri Whittenbury, Does climatic crisis in Australia's food bowl create a basis for change in agricultural gender relations? *Agriculture and Human Values*, Vol. 30, No. 1, 2013, pp. 115 – 128.

[212] Michael R. Carter, Yang Yao, Local versus Global Separability in Agricultural Household Models: The Factor Price Equalization Effect of Land Transfer Rights. *American Journal of Agricultural Economics*, Vol. 84, No. 3, 2002, pp. 702 – 715.

[213] Nelson Mango, Byron Zamasiya, Clifton Makate et al. , Factors influencing household food security among smallholder farmers in the Mudzi district of Zimbabwe. *Development Southern Africa*, Vol. 31, No. 4, 2014.

[214] Nelson Mango, Kefasi Nyikahadzoi, Clifton Makate et al. , The impact of integrated agricultural research for development on food security among smallholder farmers of southern Africa. *Agrekon*, Vol. 54, No. 3, 2015, pp. 107 – 125.

[215] Nico Heerink, Marijke Kuiper, Xiaoping Shi, China's New Rural Income Support Policy: Impacts on Grain Production and Rural Income Inequality. *China & World Economy*, Vol. 14, No. 6, 2006, pp. 58 – 69.

[216] Oscar Vergara, Keith H. Coble, George F. Patrick et al. , Farm Income Variability and the Supply of Off – Farm Labor by Limited – Resource Farmers. *Journal of Agricultural and Applied Economics*, Vol. 36, No. 2, 2004.

[217] Paul Winters, Alain De Janvry, Elisabeth Sadoulet et al. , The role of agriculture in economic development: Visible and invisible surplus transfers. *Journal of Development Studies*, Vol. 34, No. 5, 1998, pp. 71 – 97.

[218] R. F. Townsend, J. Kirsten, N. Vink, Farm size, productivity

and returns to scale in agriculture revisited: a case study of wine producers in South Africa. *Agricultural Economics*, Vol. 19, No. 1, 1998, pp. 175 – 180.

[219] Sangho Kim, Gwangho Han. A Decomposition of Total Factor Productivity Growth in Korean Manufacturing Industries: A Stochastic Frontier Approach. *Journal of Productivity Analysis*, Vol. 16, No. 3, 2001, pp. 269 – 281.

[220] Shenggan Fan, Philip G. Pardey, Research, productivity, and output growth in Chinese agriculture. *Journal of Development Economics*, Vol. 53, No. 1, 1997, pp. 115 – 137.

[221] Shujie Yao, Genfu Feng, Aying Liu, Guohua Fu, On China's rural and agricultural development after WTO accession. *Journal of Chinese Economic and Business Studies*, Vol. 3, No. 1, 2005, pp. 55 – 74.

[222] Stefano Corsi, Laura Viviana Marchisio, Luigi Orsi, Connecting smallholder farmers to local markets: Drivers of collective action, land tenure and food security in East Chad. *Land Use Policy*, Vol. 68, 2017, pp. 39 – 47.

[223] Wusheng Yu, Hans G. Jensen, China's Agricultural Policy Transition: Impacts of Recent Reforms and Future Scenarios. *Journal of Agricultural Economics*, Vol. 61, No. 2, 2010, pp. 343 – 368.

[224] Xiaobing Wang, Thomas Herzfeld, Thomas Glauben, Labor allocation in transition: Evidence from Chinese rural households. *China Economic Review*, Vol. 18, No. 3, 2007, pp. 287 – 308.

[225] Yang Yao, Rural industry and labor market integration in eastern China. *Journal of Development Economics*, Vol. 59, No. 2, 1999, pp. 463 – 496.

[226] Yang – Ming Chang, Biing – Wen Huang, Yun – Ju Chen, Labor supply, income, and welfare of the farm household. *Labour Economics*, Vol. 19, No. 3, 2012, pp. 427 – 437.